国家社科基金
重大项目成果

对外汉语教学语法丛书

◎**总主编** 齐沪扬

助词"了"

胡建锋 ◎主编 ｜ 邵洪亮 ◎著

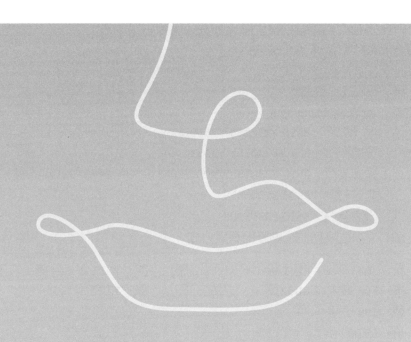

北京语言大学出版社
BEIJING LANGUAGE AND CULTURE
UNIVERSITY PRESS

© 2023 北京语言大学出版社，社图号 23051

图书在版编目（CIP）数据

助词"了" / 胡建锋主编 ；邵洪亮著． —— 北京 ：
北京语言大学出版社，2023.6
（对外汉语教学语法丛书 / 齐沪扬总主编）
ISBN 978-7-5619-6275-6

Ⅰ．①助… Ⅱ．①胡… ②邵… Ⅲ．①汉语－助词－
对外汉语教学－教学研究 Ⅳ．①H195.3

中国国家版本馆CIP数据核字(2023)第100415号

助词"了"
ZHUCI "LE"

排版制作：北京光大印艺文化发展有限公司
责任印制：周 燚

出版发行：**北京语言大学出版社**
社　　址：北京市海淀区学院路 15 号，100083
网　　址：www.blcup.com
电子信箱：service@blcup.com
电　　话：编 辑 部　8610-82303647/3592/3395
　　　　　　国内发行　8610-82303650/3591/3648
　　　　　　海外发行　8610-82303365/3080/3668
　　　　　　北语书店　8610-82303653
　　　　　　网购咨询　8610-82303908
印　　刷：北京联兴盛业印刷股份有限公司
版　　次：2023 年 6 月第 1 版　　印　　次：2023 年 6 月第 1 次印刷
开　　本：787 毫米 × 1092 毫米　1/16　印　　张：12.25
字　　数：199 千字
定　　价：65.00 元

PRINTED IN CHINA

总　序

　　摆在读者面前的，是国家社科基金重大项目"对外汉语教学语法大纲研制和教学参考语法书系（多卷本）"（17ZDA307）的所有成果。这些成果包括大纲系列 4 册、书系系列 26 册、综述系列 8 册，以及选取研究过程中发表的一部分优秀学术论文集辑而成的论文集 1 册，共计 39 本著作，约 700 万字。这个项目的研制，历时 5 年有余，参加的研究人员多达 50 余人，来自全国和海外近 30 所高校。

　　2017 年 11 月，全国哲学社会科学工作办公室正式公布"2017 年度国家社科基金重大项目立项通知书"。2018 年 4 月 14 日，国家社科基金重大项目"对外汉语教学语法大纲研制和教学参考语法书系（多卷本）"的开题报告会举行。2019 年 8 月，2017 年度国家社科基金重大项目中期检查评估报告提交，2023 年 1 月召开课题结项鉴定会。

　　根据专家组意见，特别是专家组组长赵金铭教授两次谈话的意见，按照全国哲学社会科学工作办公室立项通知书上的要求，本项研究牢固树立问题意识、创新意识和精品意识，立足学术前沿，体现有限目标，突出研究重点，注重研究方法，符合学术规范。项目的执行情况、所解决的问题和最终成果如下：

　　大纲、书系和综述是主要的研究成果。三类不同的成果面对的读者是不一样的：大纲是给教师教学与科研使用的，同时也顾及学习汉语、研究汉语的一些国际学生；书系主要是给在一线教学的对外汉语教师看的，以解决这些教师在教学过程中的实际问题为目的；综述是对大纲和书系的补充，主要面向对外汉语教师、汉语国际教育专业研究生和本科生，以及需要进一步了解、研究相关领域的群体，为这些人继续研究相关问题提供材料和方法。三种不同的读者群体决定了三类成果的不同写法。

1.　大纲研制

大纲研制的最终成果是两套大纲：分级大纲（初级大纲和中级大纲）和分类大纲（书面语大纲和口语大纲），共 4 册。语法大纲不局限于语法知识本身，而是以学习者语言能力的培养为目标。凡是能促进学习者语言能力的语法项目都应析出为大纲的项目。语法项目的编排依据的是语法形式，使用条件式来描述细目的功能。使用条件式有利于促进语法知识转化为语言能力。

分级大纲中语法项目的等级不宜简单理解为语言本身的难度区分，更应理解为习得过程性的内在要求。以促进学习者生成语言能力为目标，支持学习者语言能力生成的语法项目都应列目，项目编排以语法结构为基础，细目的描写以促进语言能力生成为重。大纲体现习得的过程性，总体上为螺旋形呈现。

目前对外汉语教学和科研依据的都是通用语体的语法大纲，至今尚没有分语体的大纲问世，这种状况显然与发展迅速的第二语言教学事业不相适应。书面语语法大纲和口语语法大纲的研制，填补了大纲研究的空白，在今后的教学指导、教材编撰、汉语水平测试等方面，都能发挥很大的作用。

2.　书系研发

我们在全国范围内分三批次遴选和推荐了撰稿人，这些撰稿人都有长期从事对外汉语教学的经历，且本人都是语法专业背景出身。从目前情况看，学术界和教学界都需要这一类书，这套书也具有填补空白的作用。而且，这套书是开放性的，条件成熟了可以再继续做下去，达到 30 本到 50 本的规模，甚至再多一些都是可能的。

书系的研发应以 "语法项目" 作为书名，不求体系完整，成熟一本撰写一本；专业性不能太强，要考虑到书系的读者需求，他们阅读这本书是为了解决教学上的问题，除了必要的理论阐述和说明之外，要尽量早一点儿切入到教学中去；提出的问题要切合教学实际，60～80 个问题，其实就是这本书的目录，有人来查，很快就能对症下药，找到自己想要的东西；提的问题要有针对性，要有实用性，针对学生的水平等级，围绕这个语法项目，把教学上可能遇到的问题按等级排序。总之，这是一套深入浅出的普及性小册子，一定会受到广大对外汉语教师的欢迎。

3.　综述编著

按照标书要求，阶段性成果包括两套综述汇编。编著这两套综述汇编，首先是项目研制的需要，是和大纲研制、书系研发互相支撑、互相配合的；其次是近 20 年的综述汇编，学术界和出版界均尚无相关成果问世，很多研究者迫切需要这方面的资料；最后是这套综述汇编的写法与其他综述成果不同，两套综述不仅仅是"资料汇编"，里面更有很多作者的评议和引导，是"编著"类的"综述"，这类"综述"其实是不多的。这样的写法比目前在做的或者已经出版的"综述"要科学得多，实用得多。

综述分为两套：《近 20 年对外汉语语法教学研究》和《近 20 年汉语作为第二语言语法习得研究》。综述的主要读者应该是研究者，是关心该领域的研究者，作者收集的材料要尽可能齐全，作者所做的分析要有依据，作者做出的解释要能让研究者信服。两套综述都能做到对相关问题做出梳理，述评结合，突出评价的学术性、原创性和实用性，力图使读者对相关论题有一个全面的认识和深刻的思考，并为进一步的研究提供方向。

对上述这些成果的介绍只能点到为止，事实上，具体到每一本著述，都是有必要重点介绍的。好在每套书都另有主编，请读者自行阅读每套书的主编写的"序"吧。我这里还想向读者介绍的是这些著述的作者们，没有他们，这些成果难以问世。

本项课题涉及面广，研究人员多，在最初填写招标书时我们已经意识到了："本项研究工程浩大，……大纲和书系非一校之力可完成，将集中全国不同高校共同承担。"本课题前后参加研究的人员有 50 多人，分布在全国及海外近 30 所高校。如何将这些研究人员组织起来，集思广益，凝神聚力？课题组在"集全国高校之力"上，下了大力气。

原先设想由某个高校具体负责某块项目研究，但该想法在实际操作中遇到了问题。开题报告会后，课题组调整后的组织方式体现出优势来。四个研发小组的组长取代了原来子课题负责人的职位和功能，优势体现在：他们面对的是具体的项目，而不是具体的研究人员；他们针对项目选取研究人员，而不是为已有的研究人员配备研究内容；他们可以从全国高校选择自己相中的研究人员，而不需采取先满足校内再满足校外的程序和方式。人尽其才，物尽其用，效率提高，质量保证，自然是意料之中的结果。例如，书系组的 20 多位作者来自 15 所高校，综述组的作者来自 12 所高校。这是第一个方面。

第二个方面，就是充分利用会议的机会，将会议定位于有目标的会议、有任务的会议，让会议开出成效来。自课题立项之后，围绕着课题的研究进展，课题组已经开过多次会议。一是一年一度的"教学语法学术讨论会"，课题组所有人员都参加，至今已经开过多届：淮北（2017）、扬州（2018）、南宁（2019）、黄山（2020），等等。二是一年多次的课题专项讨论会，有需要就开。如在杭州，就分别开过综述组、数据平台组、书系组的专项讨论会；在南京、上海都开过大纲组的专项讨论会；2020 年 7 月，在腾讯会议上开过两次大纲组的专项讨论会；等等。这些会议目标明确，交流便捷，解决问题能力强，时间跨度短，是联络不同高校研究人员的好方式。

这套书的所有主编和作者都十分尽力。对外汉语教师的工作量很大，大多数人都有每周 10 节以上的课时量；况且，大多数人的手上还有自己的科研项目要做，还有自己指导的研究生的论文要看，还有各自的不同研究论文要写。种种忙碌和辛苦之中，要挤出这么多时间和精力，去从事另外一块研究任务，还是高标准、有要求、无报酬的研究任务，如果没有一种对对外汉语教师这个职业的由衷热爱，没有一种为对外汉语教学事业做点儿贡献的精神支撑，他们是断然不可能接受这样的研究任务的。更何况有些作者接受了两项不同的研究任务，研究强度和研究压力可想而知。因此可以这么说，这些成果渗透着作者们的辛劳，饱含着作者们的心血，每一本都是"呕心之作"，这样的赞誉是得当的。

北京语言大学出版社是这个项目的合作者和推动者。项目立项不久，出版社和课题组就有过接触。出版社前后两任社长和总编辑都向课题组表过态，希望这个课题的所有成果能在北京语言大学出版社出版，出版社愿意为课题的宣传、推广、出版尽责任，做贡献。2020 年 1 月，课题组和出版社有过进一步的密切联系，敲定了详细的合作计划。2022 年 3 月，出版社申报的"对外汉语教学语法丛书"成功入选 2022 年度国家出版基金资助项目。这些成果的出版，没有出版社的支持是做不到的。

再次感谢在漫长的研究过程中给予我们支持、帮助的所有老师和朋友。

对于这套教学参考语法书系，这里想重点介绍下这套书系的编撰特点和编撰原则。编撰特点可以归纳为以下四点："设计理念要接受多元的语言学理论指导""编撰方针是两种语法分析方法的结合""结构框架要考虑本体研究和教学研究的需要""问题设计要以'碎片化'语法为主"。关于这四点的具体阐述就不再展开了，事实上读者通过这四点已经可以大致了解这套书系的编撰理念了。入选的 26 本专著选取了不同的语法项目作为书名，面对不同的主题，每本书都会在不同层面、不同角度、不同对象上反映出这套书系的整体面貌和阐述形式，以及结构框架和问题设计，值得一读。

这套教学参考语法书系两个必须遵守的编撰原则是普及性和实践性。普及性原则体现在要做到对读者进行语法知识的普及。语法知识普及要考虑两个方面的问题：一是理论知识的普及，一是语法术语的普及。书系的编写还要遵守实践性的原则，这个原则体现在三个方面：一是面向教学实践，二是面向教师群体，三是面向教学语法。这套书系不以学术高度与理论深度为目标，而以是否能够解决实际问题为标准。出版这样的系列丛书尚属首次，相信普及性原则和实践性原则会使这套书系更接地气，更受欢迎。

教学参考语法书系研发是和汉语教学语法大纲研制平行的、互相支撑的一项研究，书系是以大纲为参照编写的，作为本体研究和教学研究的重要工具书，是对大纲的深化和阐述。书系书目的确定，编写方式的确定，以至于作者队伍的确定，都尽量做到和大纲的研制同质同步。当然，由于书系服务的目标人群和大纲不完全一样，作者会更多地关注语法教学的实效性，对具体问题的一些处理，可能会有与大纲不同的地方，这一点也是需要说明的。

　　谨以此作为总序。

齐沪扬

初稿于 2020 年 7 月

二稿于 2022 年 5 月

三稿于 2022 年 12 月

序

　　本专辑包括《助词"了"》《助词"着"》《"能"和"会"》《语气词》和《语篇的衔接与连贯》五本著作，是齐沪扬教授主编的对外汉语教学语法丛书书系列六大专辑之第三辑。

　　之所以把这几本专著放在一个专辑里，主要是因为它们有几个共同点：第一，在研究内容上都是相对封闭的。《助词"了"》《助词"着"》和《"能"和"会"》都是写一个词或一组词的，而《语气词》的研究对象也是有限的；至于《语篇的衔接与连贯》，是语篇研究中的一个重要部分，是研究衔接手段、衔接成分的，和前面几本一样，在研究内容上也是相对封闭的。第二，"了""着""能""会"和语气词，以及小句之间的衔接方式，在教学和学习过程中都是高频出现的。第三，这些形式在使用时涉及多层面的因素，有多种意义，用法具有多样性。第四，"了""着""能""会"和语气词等的用法或表达的意义，都与语境密切相关，只有在语境中才能全面、准确了解。

　　近年来，越来越多的学者认识到，语言教学的范围不仅包括语法、词汇层面的内容，还包括语用、语篇等相关内容，不仅要让二语学习者学得会，更要让他们用得好。与之相关的，对于一个词或者语法点应该讲授哪些内容，在传统的关于句法、语义研究的基础上，学者们也开始关注语用和语篇的相关内容。从研究内容上看，本辑的专著，除了尽可能解决传统的句法和语义问题外，还着力解决在中介语语料库中体现得很突出的语用和语篇问题。有些语篇，即使在词汇、句法等方面都没有问题，看起来仍然不地道，主要就是在语篇的衔接和连贯方面出现了问题；再如信息配置方面的问题，信息的类别从不同视角可以分为已知信息与新信息、前景信息与背景信息、预期信息与非预期信息等，而在不同的语言中，不同信息类别进入语篇的方式可能存在差异，学习者习得汉语时难免会出现各种问题，这与具体语言形式相关，如"着""了"等时体标记就与前景／背景信息配置密切相关；还有语言的主观性方面的问题，进入语篇的语言不仅传递客观信息，而且传递主观信息，不同语言中，表达主观性的手段不尽相同，汉语情态词、语气词都与主观性表达密切相关。

本辑的专著不仅关注研究对象自身的用法，更关注与之相关的词语或句式之间的系统性，比如关于"能"和"会"的研究，不仅基于情态义分析它们的句法特征等，还关注它们与其他语法范畴的联系与制约关系。在研究中，注意不同层级的用法差异，关注高层级对下一个层级的制约等，比如助词"了""着"等，特别关注其在不同句式中的用法，从高层面研究它们的具体用法。研究的内容从句法、语义到语用、语篇，全面覆盖教学可能涉及的知识点，比如关于语气词的研究，不仅说明不同语气词的话语分布特点、话语功能，还关注常见偏误，以及具体教学的问题等；关于语篇衔接的手段，不仅关注显性衔接，还关注隐性衔接，研究的内容都非常全面。几本专著都着力解决二语习得过程中的一些常见偏误问题和教学中的常见问题，相关的内容具有直接的应用价值，问题的设置都具有针对性。

同时，每一本专著又有着自己的特色。《助词"了"》对于如何处理具体问题视角十分明晰，从"性质与功能""联系与区别""连用与共现""偏误与原因""教学与实践"等角度处理相关问题，秉持从简从易的原则，比如把词尾"了"和句末"了"作为同一个体标记在不同位置上的分布来处理，将复杂的问题简单化，具有操作性，全书"以简约为求"。《助词"着"》从绝对时间和相对时间视角出发考察了"着"的用法，还从动词或动词词组的类别、数量词组、外部事件参照等角度进行探讨，并结合时间副词、相关结构和句式等，对相关用法进行全方位的研究，突显了"着"的时间性特征对其功能的影响，全书"以时间为线"。《"能"和"会"》以语义为着眼点，基于"能"和"会"的情态义分析它们的句法特征及其与其他语法范畴的联系与制约关系等，在此基础上，分析、解释和应用"能"和"会"，考察细致入微，对各种用法以及使用的条件都有详细的描写，全书"以分布为纲"。《语气词》基于该类词的多样性、动态性和细微性的特点，将汉语抽象、空灵的语气词用法置于具体的用法中讲解，选取日常口语中两个常用语气词"呀""吧"做详细介绍，另选取若干常用语气词做典型功能及用法介绍，使得语气功能易于理解，语气差异具体可感，全书"以用法为引"。《语篇的衔接与连贯》围绕语篇衔接与连贯这个核心，考察了影响语篇衔接与连贯的具体因素，比较了一些衔接方式对语篇组构产生的影响等，从二语习得中的偏误出发，基于已有的相关成果，针对具体的衔接对象，进行相关衔接方式的选择性研究，全书"以组构为要"。

以上五本专著基于教学和学习，选择不同的研究视角，或者考察了相关的知识，或者介绍了相关的方法，对可能出现的问题做出内容取舍。我们相信，这些对本知识点或者相关知识点的研究成果，无论对教学还是对学习，都具有直接的参考价值，必将有助于提升教师相关语法知识的教学水平。

胡建锋

2022 年 5 月

目　录

第三部分　连用与共现 / 95

第四部分　偏误与原因 / 114

第五部分　教学与实践 / 151

引　言

一　本书编写的必要性

在齐沪扬教授主持的国家社会科学重大项目"对外汉语教学语法大纲研制和教学参考语法书系（多卷本）"中，书系的编写以"一点一书"的形式呈现，将汉语语法系统中占有重要地位的、相对复杂的、具有一定学习难度的且在教学中存在较多问题的一个或一类语法项目编写成一本语法教学参考书，力求对该语法项目进行充分描写、充分解释，尽可能穷尽该语法项目在教学中所遇到的种种问题并予以详细的解答、说明和指导。《助词"了"》就是入选该书系的第一批教学参考书之一。

课题组将《助词"了"》纳入第一批教学参考书，主要基于以下几点考虑：

第一，"了"的出现频率极高，是仅次于"的"的高频虚词，因而它在汉语语法系统中占有重要地位。

第二，"了"本身的功能和用法十分复杂。"了"可用于各种句式、句类，并且"了"的隐现规律和语用条件难以把握，其隐现会受到语境、语体、句内共现成分、韵律、言者主观性等因素的影响。

第三，"了"的某些用法与汉语其他虚词比较接近（有时可以互相替换而不影响基本语义，如"院子里种了一棵葡萄树""我吃了早饭了"可分别变换成"院子里种着一棵葡萄树""我吃过早饭了"，基本语义不变），也与学习者母语中某些词的功能有相近的地方，学习者很容易受到干扰而误用。

第四，学界对"了"语法功能的提取和概括存在较大的分歧，在"了"的教学应用研究上仍然不够深入,对 "了" 的用法解析尚不尽如人意,也存在一些盲点。一些片面甚至错误的解析,不仅涵盖不了所有的语料,而且对学习者有所误导。

第五,"了" 也是二语学习者学习汉语的难点,是最易出现偏误的语法项目之一,需要教师在教学中积极处理。尽管学习者在初级阶段就开始学习 "了",但学习者对 "了" 的习得往往不够全面、系统,即使其汉语水平达到了中高级,他们在 "了" 的使用上仍会经常出现各种各样的偏误。陆俭明(1980b)曾统计发现,外国学生虚词使用不当占语法偏误总数的 65%,而其中 "了" 字使用不当的就占语法偏误总数的 12%。因此,有许多学者把 "了" 视为汉语二语学习过程中 "最难缠的拦路虎"(王伟,2021:2),也有学者认为 "了" 的研究仿佛是汉语语法研究里的 "哥德巴赫猜想"(宋绍年、李晓琪,2000),这是不无道理的。我们也完全有理由把 "了" 的使用情况作为评估一个学习者汉语水平高低以及汉语语感好与不好的 "试金石"。

二　关于 "了" 的研究现状

关于 "了" 的讨论由来已久,各家更多的还是在本体层面对 "了" 的功能进行探究,教学应用相关的探讨尚未深入。

学界主要是将 "了" 分为词尾 "了"(一般所说的 "了₁")和句末 "了"(一般所说的 "了₂"),并对二者的功能分别进行研究。到目前为止,不同学者对词尾 "了"、句末 "了" 语法意义的理解仍各有所倾,因而在具体的论述上也不尽相同。这与语言表象的复杂性以及学者思考的角度不同有关。许多相关的论述虽然在观点上有所不同,但论证的过程给了我们很多启发和引导,成为我们进一步分析的基础。在众多的观点当中,"实现" 说("体标记" 说的一种)和 "界限" 说是相对而言最有影响力的。

刘勋宁(1988)提出词尾 "了" 是 "实现体" 的标记,表示谓词所指的动作行为或性状成为事实。这是最早对词尾 "了" "完成" 说提出质疑的研究。刘勋宁(1985、1990)又认为句末 "了"(原文称为 "句尾'了'")与词尾 "了" "之间有一部分是同源的",即当词尾 "了" 位于句末,与近代白话的表申述语气的句末语气词"也"融合之后，形成了专门用以"申明"（申述事实）的语气词——句末"了"，即"了也"合音，是今天句末语气词"了"的来源。孟子敏（2005）的研究，也支持了这个结论。按刘勋宁的观点推导，句末"了"的语法功能便是"词尾'了'＋'也'"的功能，句末不存在所谓的"词尾'了'＋句末'了'"（即一般所说的"了₁＋了₂"）的现象，因为词尾"了"和句末"了"本来就不能截然分开，句末"了"的功能蕴含了词尾"了"的"实现体"标记功能。当词尾"了"和句末"了"同现时，词尾"了"在句中的功能是羡余的。

二十多年来，也有学者提出，"了"的本质功能是表"界限"。（黄美金，1997；陈忠，2006）这就跳出了"体"标记的框架。其中，陈忠（2006：496-558）的论述比较充分。持"界限说"的理由主要是：第一，"了"的隐现问题，有时难以用"完整体"（perfective，也称"完全态"，包括"实现""经历""近经历"等）加以解释，并非"完整体"与"非完整体"的二元对立，即在时体意义相同的句子当中，存在"了"的隐现形式不一致、不对称的现象；第二，"了"的隐现形式对立，平行对应于"有界／无界"对立，即"了"倾向于与"有界"成分、结构在直接成分中同现，不与"无界"成分同现，或有条件地同现。第一条理由说明：在时体意义背后，还有其他因素制约着"了"的隐现。第二条理由说明：这个制约因素就是"有界／无界"的对立。据此，"界限"说认为，汉语的"了"，其语法功能是凸显"界限"，通过"有界"和"无界"的形式对立来间接体现和折射完整体和非完整体的意义对立。

我们认为，"实现体"与"界限"概念虽然不同，但两者具有本质上的一致性。"界限"与"实现体"的关系是一种上下位的关系。"有界／无界"由时间或空间来体现，既包括时间特征，也包括空间特征。相对抽象的"有界／无界"的对立必然要通过动词的时体范畴、名词的数量范畴、时态助词和副词的时间特征，以及形容词的程度等级来体现。"了"不可能绕开它的"体"标记功能，直接体现它的"界限"特征。按照我们的理解，"了"首先具有"实现体"标记功能（满足表达中的时体要求），从而"实际上就起着动作界化的作用"（张济卿，1998），因此，只要用"了"，就"能使无界概念变为有界概念"（沈家煊，1995），或者与其他具有"界限"特征的成分组配同现，强化"界限"。这样看来，"了"的使用与"有界"特征的严格对应也就不足为奇了。

至于为什么在时体意义相同的句子当中，存在"了"的隐现形式不一致、不对称的现象，其实可以从别的角度做出解释。"了"具有"实现体"标记功能，不同于屈折语的形态变化，它与"着""过"一样都是一种添加手段，是"表示所属语法范畴的充分条件形式而非充要条件形式"（戴耀晶，1997：39-40），具有相对的灵活性。这种灵活性体现在：

第一，"了"标记"实现体"意义，可以通过作用于谓词本身来完成对事件状态的标记（即词尾"了"），也可以通过作用于整个句子来完成对事件状态的标记（即句末"了"）。例如：

（1）a. 他坐了下来。

　　　b. 他坐下来了。

（2）a. 我吃了两碗米饭。

　　　b. 我吃两碗米饭了。

例（1b）（2b）中的谓词"坐""吃"后的"了"之所以可以隐去，是因为体意义都由句末"了"来承担了。

第二，"了"并非"实现体"的唯一标记，"实现体"未必用"了"来标记，还可以用其他形式来标记。例如：

（3）a. 任务完成了。

　　　b. 任务已经完成。

（4）a. 前期工作落实了。

　　　b. 前期工作业已落实。

例（3b）（4b）中句末"了"之所以可以隐去，是因为体意义分别由"已经""业已"来承担了。

第三，在一个多动词语结构的句子当中，并非一定要在每个动词后都添加"了"才能体现"实现体"。例如：

（5）a. 他搬了个凳子坐了下来。

　　　b. 他搬个凳子坐了下来。

（6）a. 他抓了一条鱼放进了桶里。

　　　　b. 他抓了一条鱼放进桶里。

　　例（5b）（6b）中的谓词"搬""放进"后的"了"之所以可以隐去，是因为体意义分别由（5b）第二个谓词"坐"和（6b）第一个谓词"抓"后的"了"来承担了。

　　第四，句末"了"所附带的"申明"语气以及由此带来的言外之意，导致它对与它组配的成分具有一定的语用限制。例如：

　　（7）a. 他才睡了两个钟头。

　　　　b.* 他才睡了两个钟头了。

　　（8）a. 此时，饭店还坐了五六位客人。

　　　　b.* 此时，饭店还坐了五六位客人了。

　　例（7b）（8b）之所以是病句，是因为句末"了"所体现的语用义与"才""还"相冲突。句末"了"具有"申明"的语气功能，表明言者认为，对听者来说，这是一个新信息、新情况。言者叙述事实的同时，包含有"达到或超出心理预期"的意思，而"才""还"则包含"尚未达到或落后于某种预期"的意思。因此，当句内有副词"才""还"时，句末不使用"了"。

　　第五，句子中的"有界"和"无界"形式的对立对"了"具有一定的制约作用。例如：

　　（9）a. 我吃了点儿东西。

　　　　b.* 我吃了东西。

　　（10）a. 我在校园里转了一下。

　　　　b.* 我在校园里转了。

　　例（9b）（10b）之所以是病句，是因为"了"作为"实现体"标记成分，是体现"界限"特征的因素之一，倾向与"有界"的成分、结构在直接成分中同现和匹配。

　　这样看来，"了"的隐现形式不一致、不对称的现象都是有条件的，是各种因素综合作用的结果。因此，并不能否认"了"在本质上所具备的"实现体"标记功能。假设"了"的本质功能就是凸显"界限"，不属于"体"标记，那么如何来解释"我吃了点儿东西"与"我吃点儿东西"在体意义上的区别呢？

我们认为，纯粹的"界限"标记是不存在的，这些具有"界限"标记功能的成分，本身都有自己独立的词汇语义（就实词而言）或句法语义功能（就虚词而言），"界限"特征是对它们在更高层次上的抽象概括。"了"的隐现与"有界 / 无界"对立的平行对应，只能说明"了"作为"实现体"的标记成分，只与"有界"的成分、结构在同一层次（直接成分）中同现，不与"无界"的成分、结构在同一层次中同现，而不能说明"了"的本质就是凸显"界限"。

三　我们对"了"的功能的看法

语法本体研究得出的不同结论，哪个更接近客观的语言事实，判断的依据当然是看这个结论是否能够管得住现阶段的所有语料。倘若不同的解析和说明具有同样的统摄力，那么还要看哪种解析和说明的表达形式更简单，与系统更和谐。同理，我们对虚词的研究，尤其对其语法功能的说明一贯坚持"能简不繁""能合不分"的原则。

根据前面的讨论，对于"了"的功能，我们最终仍倾向延用"实现"说，同时在体的标记功能上不刻意区分词尾"了"和句末"了"，把词尾"了"和句末"了"作为同一个体标记在不同位置上的分布来处理，凸显词尾"了"和句末"了"的密切关系。句末"了"尽管属于语气词，作用于整个句子，旨在申明一种新情况、新信息，但同时，句末"了"还兼有与词尾"了"一样的功能，表示"实现"。因此，句末"了"可以看作是兼有"实现体"标记功能的句末语气词。就是说，当句中没有其他"实现体"标记成分的时候，它的有无会影响到句子的体意义（体意义属真值语义），因而句末"了"并非纯粹的语气词。

吕叔湘（1999：353）也认为句末"了"与词尾"了"二者本来密切相关。我们认为这是有道理的。理由如下：

第一，在一些日常的会话当中，不难发现词尾"了"和句末"了"有着紧密的联系，不能截然将二者区分开来。例如：

（11）——你买了菜没有？

　　　——买了。

（12）——我吃了。

　　　　　——吃了什么？

（13）——我饭吃完了。

　　　　　——吃完了饭再吃点儿水果吧。

　　例（11）～（13）三组对话中，词尾"了"和句末"了"在话轮里的相承关系都非常明显，可见词尾"了"和句末"了"在"实现体"的标记功能上应该是一致的。再如：

（14）——昨天晚上我做了一个梦。

　　　　　——你梦见了什么？／你梦见什么了？

　　例（14）两个答句中的"了"尽管位置不同，但句子的语义基本一致。

　　第二，很多时候句子中的词尾"了"可以因为句末"了"的存在而省略，并不影响基本语义的表达。能够省略，说明句末"了"的功能蕴含了词尾"了"的"实现体"标记功能，从而使词尾"了"成为羡余成分。（邵洪亮，2015：200）例如：

（15）a. 小李报了名了。

　　　＝b. 小李报名了。

（16）a. 老何有了对象了。

　　　＝b. 老何有对象了。

（17）a. 我朗读了三遍了。

　　　＝b. 我朗读三遍了。

（18）a. 我在北京住了半个月了。

　　　＝b. 我在北京住半个月了。

　　综上，句末"了"和词尾"了"在体意义上密切相关，都具有"实现体"标记功能，表明谓词所指的动作行为或性状成为事实，因此，对二者的体意义不必刻意求异，过分地纠缠于词尾"了"和句末"了"的绝对分别。

　　值得注意的是，"体"和"时"是一对既有联系又有区别的语法范畴，词尾"了"、句末"了"所标记的"实现体"可以是过去的"实现"，也可以是现在的"实现"，还可以是将来的"实现"。比如"去年他俩才结了婚，现在妻子有了身孕，等再过几个月生下了孩子，一家子可就要忙喽"这个句子中的三个"了"分

别用于过去时、现在时、将来时 ①。在真实语料中，用于现在（说话时）的实现
用例最多，因为当句中无其他参照时间的时候，即默认以现在时作为参照时间。
过去的实现用例次之，如果 "了" 字句中有其他参照时间的话，这个参照时间确
实是以过去的某个时间点居多，因此，有学者认为 "了" 本身兼有过去时制的标
记功能。事实上，这不是因为 "了" 兼有过去时制功能，而是人认知客观世界的
方式使然，对于过去，我们更多地关注发生了什么，而对于将来，我们更关注会
发生什么，故相对而言，表达将来的实现会受到一定的限制。关于这点，戴耀
晶（1997：47-57）也有同样的论述，作者认为，"了" 在未来事件的使用中受到
很多限制：第一，未来事件要在未来参照时间之前或同时发生，才可以用形态
"了" 表示一种 "虚拟的现实"，如 "明天八点，我肯定已经离开了上海"；第二，
"了" 用在未来假设关系的条件分句里，表示一种 "虚拟的现实"，如 "你看了这
本书，就会明白其中的道理"。除此之外，凡是在未来时间发生的事件都不可以
用 "了"，这一点在单一事件中尤为严格，如 "我明天离开了上海" 显然是一个
病句。

　　当然，词尾 "了" 和句末 "了" 之间同中也有异，我们强调对二者的体意义
不必刻意求异的同时，也要注意区分二者在交互功能上的差异。尽管词尾 "了"
和句末 "了" 都具有相同的 "实现体" 标记功能，但是词尾 "了" 是通过作用于
谓词本身来完成对事件状态的标记的，而句末 "了" 是兼有体标记功能的语气词，
是通过作用于整个句子来完成对事件状态的标记的。因此，词尾 "了" 和句末
"了" 在语法功能上既相联系又有明显的区别，这种区别有时甚至会影响到整个句
子的基本语义，我们在本书正文中对词尾 "了" 和句末 "了" 的共性和个性以及
由此带来的各种具体问题展开了解析和说明。尽管我们倾向 "实现" 说，但 "界
限" 说的确给了我们许多启发，并为我们对 "了" 的一些隐现问题，尤其是在多
个动词的词语结构当中 "了" 的分布位置的研究，提供了一种新的思考角度。

　　还需要说明的是，我们对词尾 "了" 和句末 "了" 功能的概括与课题组编制
的《对外汉语教学语法初级大纲》中的概括略有不同。大纲将词尾 "了" 和句末

---

① 类似 "我们快考试了" 这样的句子并不表示将来的实现。它在时制上仍属现在时，即以说话时间为参
　照，"我们快考试" 已经成为事实了。

"了"分别归为"完成体"和"变化体"的标记。这主要基于以下考虑：大纲主要用于分级与排序，尽可能以浅显的方式凸显某个语言点的主要功能，同时，在术语的使用上需要考虑与二语主流教材及其教学的衔接与对应；而书系的编写主要用于答疑解惑。目前大纲对"了"功能的提取和概括采取了教学界关于"了"的主流观点，可以涵盖初级阶段"了"的大部分用法，但也确实存在较多的例外，这是大纲无法顾及的。大纲概括"了$_1$"（词尾"了"）表"完成"（即我们所说的"实现"），学生容易跟他的母语相对应，理解起来可能相对更加容易一些。但事实上，"完成"说对很多语料（如"山上的红叶红了一半儿""会场响起了掌声"等）的解析是比较牵强的。因此，教学时可以将"完成"再分解成全程的完成（这是真正意义上的"完成"，也即我们所说的"动作行为全程的实现"）、阶段性的完成（即我们所说的"动作行为阶段性的实现"）、某种状态变化的完成（即我们所说的"动作行为或状态从有到无或从无到有的实现"）。大纲概括"了$_2$"（句末"了"）表"变化"，但事实上"变化"和"完成"这两个术语是很难分界的，动作行为的"完成"本身也可视为是一种"变化"，"变化"也可能包含着某种动作行为的"完成"。句末"了"和词尾"了"的主要区别在于前者在具有跟后者相同体标记的基础上增加了"申明"的语气功能（即言者认为这个事实对听者而言是新情况，要告知对方这种新情况）。因此，教学界把句末"了"所具有的这种"申明"新情况的功能概括为"变化"，以示与词尾"了"所单纯表示的"完成"（即我们所说的"实现"）的差异，这在教学上具有一定的可操作性，但在事实上，二者在体的标记功能上是没有差异的。

四　本书的内容框架

本书的编写以问题为导向，以具体的例子为切入点，目的是服务于教学应用。每个问题、每个例子都具有一定的代表性和针对性，尽可能穷尽教师在教学过程中以及学习者在学习和使用"了"的过程中遇到的问题和困惑，并以比较浅显的语言加以精细的解析和说明。

全书共设计了87个问题。我们有意识地将87个问题分别归入"性质与功能""联系与区别""连用与共现""偏误与原因""教学与实践"五个部分，方便教师或学习者检索、阅读和理解。其中,"性质与功能""联系与区别"侧重于对"了"本体知识的说明与阐释,"连用与共现""偏误与原因"侧重于对"了"用法的描写与解析,"教学与实践"侧重于对"了"教学应用的探讨。同时,每个部分的问题大致上由大到微,由简到繁,由易到难,依次排序,旨在为汉语教师或各个阶段的汉语二语学习者答疑解惑。这 87 个问题虽然各自独立(方便学习者利用碎片化时间有针对性地学习),但是积累、整合起来便是对"了"功能、用法与教学应用的系统全面的梳理。

问题 1~18 属于"性质与功能"部分,主要涉及"了"的位置、功能,"了"与"时"的关系,词尾"了"与句末"了"的共性和个性,"了"所表示的"实现体"的内部小类,"了"使用的灵活性,"了"的实时交互性及其跟语体的关系,等等。我们在此基础上重点分析"了"在一些句子中的性质与功能,但学界对这些句式中的"了"的性质与功能的判断存在争议。

问题 19~42 属于"联系与区别"部分,主要涉及"了"与"过"、"了"与"着"、"了"与"的"、"了"与"啦"的联系与区别,词尾"了"与句末"了"的联系与区别,词尾"了"和句末"了"共现与其中一项缺省在语义和语用上的区别,连动式中"了"处于不同位置的区别,以及"不 VP 了"与"没 VP"的区别,等等。

问题 43~56 属于"连用与共现"部分,主要涉及句末"了"与其他语气词的连用,句末"了"与语气副词、时间副词、重复副词、否定副词的共现,词尾"了"与时间副词的共现,词尾"了"与句尾"了"的共现,"了"与数量短语的共现,"了"与"经历体""将行体""进行体"等标记构成的复合态。

问题 57~84 属于"偏误与原因"部分,主要涉及汉语二语学习者在学习"了"的过程中所出现的各类典型的偏误,这些偏误都是我们在长期从事一线教学过程中发现并收集的。

问题 85~87 属于"教学与实践"部分,主要涉及词尾"了"和句末"了"教学的排序,如何选择范式语料讲解句末"了",如何选择范式语料讲解词尾"了"的功能。因为"教无定法",所以"教学与实践"部分所占篇幅相对会小一些。

五 面向汉语国际教育的多功能虚词研究专书编写理念

通过本书的编写，我们提出以下关于面向汉语国际教育的多功能虚词研究专书编写的理念。

第一，明确教学应用导向。

教学应用导向实际上也是一种问题导向。在虚词的教学过程中，我们会遇到各种各样的问题或困惑，这些问题有的相对宏观，有的则比较琐细，尤其像"了"这样使用频率高、用法复杂又具有一定灵活性的虚词，教学过程中遇到的问题会非常多。我们不能奢望学习者了解"了"简要的语法功能说明后，就能够自主生成合格的句子来。事实上，对于复杂的使用规则和各种限制条件，应该融入学习者视角，以问题为导向，以先备知识为基础，分阶段地、零星地、由大入微、由简入繁、由易而难、由具体而抽象、由高频至低频、有层次地立体呈现。这也是教学参考语法走向纵深的必然结果。

基于这样的考虑，我们拟采取碎片化的处理方式。碎片化处理，实际上就是强调语法教学的适时性、适度性和针对性，以符合学习者的学习需求。"适时性"是指与语言教学的阶段性相适应，"适度性"是指与学习者的理解和接受能力相适应，"针对性"是指与学习者的真正需要相适应。全书设计了 87 个问题进行一问一答。对这 87 个问题的回答，合之是一个有机的整体，全书所有的术语和对"了"的功能表述都做统一处理，一以贯之；分之又自成体系，直击各个问题的关键点，做出简明扼要的回答，尽量使读者一读便懂。

也正是基于教学应用导向，我们对虚词功能的概括和说明，不追求理论上的标新立异，而是在现有本体语法研究成果的基础上，择取能管得住现阶段所有合格语料，又能解释得了所有偏误语料的偏误形成原因，且为汉语学界普遍接受和认可的成果。

第二，尽量囊括所有偏误问题。

在语法学习中，一条概括恰当、浅显易懂的规则对学习者来说固然重要，但是任何规则都不能单纯输入，要列举大量的语言事实来帮助学习者理解。"仅有例子，让学生自己发现规则是困难的，而仅有规则本身，这对学生也没有任何帮助。"(Lewis & Hill, 2009: 73)实际上,例子又分合格的例子和错误的例子。教师挑选出一些常用的合格例子作为典型的句模,可以起正面示范作用。而有时教师也需要筛选出学习者易犯的偏误例子进行偏误分析,恰当示谬可以起防范作用。

学习者产生的偏误句是在其尚未完全习得某个语言项目使用规则的情况下创造性地自主输出的必然结果,具有一定的规律性,也往往具有明显的群体特征。面向汉语国际教育的多功能虚词研究专书,应尽可能囊括学习者的偏误情况并对其加以解析,可以帮助学习者更加透彻地理解该项目的功能和使用规则。

教学实践也表明:当我们尝试着在做出正面说明后,在正确的例子中间穿插一些平时收集的常见偏误,让学习者指出并改正那些偏误,学习者便会对此类偏误变得相对敏感,也会对相关的语言规则理解得更加透彻;在运用此类语言项目时,学习者也会格外谨慎,偏误率大大降低。

可见,有时候仅仅是正面说明语法点,学习者的印象不一定会很深刻,因为他们不知道自己容易犯错的地方在哪儿。而面向汉语国际教育的多功能虚词研究专书通过穷尽学习者学习过程中出现的各种偏误类型并加以说明,反而会引起学习者注意,防患于未然,提高学习的效率。

第三,解释说明能简不繁。

"能简不繁",是指说明性语言、解析用语和表达形式越简单越好,形式越简单,越方便学习者记忆。面向汉语国际教育的多功能虚词研究专书要尽量少用语言学术语、"少用语法术语"(陆俭明,2000),尤其是那些深奥晦涩的术语。

"能简不繁"还指"属于共知范畴的不教"(孙德金,2006)。所谓共知范畴,即承认人类有共同的认知基础,人类的思维和语言具有普遍性或共性。在语法教学中应该充分利用二语学习者的认知能力,把它作为一种教学资源。"共知范畴的不教"可以优化有限的教学资源,既可以避免面面俱到的烦琐,又可以避免学习者因被"幼稚化"看待而产生的反感心理。例如在说明"了"的"实现体"标记功能时,一般情况下,没有必要特别指出"是""姓"等表示关系的动词不能和表"实现体"的词尾"了"组合,学习者一般不会造出以下的句子:

(19)他是了老师。

（20）这个人姓了王。

类似例（19）（20）这样的病句我们较少发现，这可能与学习者对"是""姓"类词的语义范畴和"了"所表达的语法意义的认识有关，自然认为二者不能组合。不过，有时在特定条件下，为了"申明"一种新情况、新信息，可以使用句末"了"。例如：

（21）（以前他是学生，）现在他是老师了。

（22）这个人原来姓张，后来他妈妈改嫁了，他就跟了继父的姓，改姓王了。①

因此，教师只有在这种语境条件下，才有必要跟学生指出要使用句末"了"，以免学习者为了表达这种变化，将句末"了"误用为词尾"了"而产生偏误。

第四，义项概括能合不分。

考察每个虚词都须着眼于它的分布和功能（语法意义）。对于多功能虚词的教学，一般有两个途径：一是从虚词的各种功能入手，描写其在句中相应的分布情况；二是从虚词的分布入手，说明该虚词在不同分布中所对应的功能。

其中第一个途径更为常见。这是因为一个虚词的功能相对有限，而各种功能下的分布情况却较为复杂（即一种功能下往往有多种分布）。但问题是，学界对虚词功能的分析往往会出现分歧。从学习的效率来看，应该特别注重功能归纳的概括性，尽量做到"能合不分"，起到"以简驭繁"之效。比如有学者将词尾"了"又再分为助词"了"和结果补语"了"，但我们认为，既然"实现"说可以统摄住这一部分所谓"结果补语'了'"的语料，那么我们在教学上就不再将之分化。除此之外，还要特别注意的是，在把握虚词的功能时，要防止把本来不属于该虚词的功能（比如整个句式义或者语境义）强加到这个虚词身上去，否则会导致随句赋义、随文赋义，使得某个虚词的功能被不断地误增、夸大。

教学应用中也可以采取第二种途径。这是因为二语学习者首先接触到的是语言形式，所以从一个多功能虚词常见的分布情况或所处的常用句式出发，继而说明其相对应的功能，这也不失为一种教学策略。不过，前提是既要对该虚词的实

---

① 不过，我们确实也发现了"姓＋了"的语料。崔山佳（1995）指出，在近代汉语中，"姓＋了"的用法似乎比现代汉语更为常见。尽管如此，"姓＋了"的使用还是受到一定的限制，其出现的语境一般都是前文铺垫了变化的因，后面再出现与之对应的果，"姓＋了"强调了变化和结果。

际分布情况及其功能有一个总体的把握，不能挂一漏万，也不能过度分化，又要考察各种分布的频率，并以此作为主要依据来进行教学排序。例如本书也有较多的内容是从 "了" 的常用句式入手，考察其中 "了" 的功能以及学习者的习得偏误。这是可取的，因为即使是相同功能的 "了"，处于不同的句式也会使得其习得难度有所不同，所以分句式考察 "了" 的偏误情况更能把握学习者真正的学习难点。

第五，描写解释充分细致。

"充分细致" 主要是从给出规则适用条件的角度而言的，给出的条件越明确、具体越好，要具有可操作性，少用 "大多情况下""习惯上""往往" 等模糊字眼。教学语法需要的 "不仅是描写的语法，更是讲条件的语法"（赵金铭，1994）。

面向汉语国际教育的多功能虚词研究专书，是以学习者所面临的具体问题为导向的，这就更加需要作者在编写过程中细致地给条件，讲规律，匡谬误，别同异。

上述第一条 "明确教学应用导向" 和第二条 "囊括所有偏误" 是为了让师生 "用得上、管得住"，第三条 "解释说明能简不繁" 和第四条 "义项概括能合不分" 是为了方便师生 "看得懂、记得住"，第五条 "描写解释充分细致" 则是为了使师生 "信得过、吃得透"。

不过，即使是一部理想的第二语言教学语法著作，其实质还是第二语言语法教学的参考，即教学语法与语法教学是两回事，不能奢望用一部完备的教学语法著作来解决第二语言语法教学的所有问题。教学语法的编排有其自身的使命和方式，主要基于语言本体研究成果对语言现象进行充分描写、充分解释，同时，基于学习者的认知能力，解决 "什么阶段教什么、学什么" 的问题。语法教学的过程也有其自身的任务和技巧，主要考虑 "怎样教" 和 "如何学" 的问题。没有必要强求教学语法来处理和解决语法教学过程中所涉及的一些策略性和技术性问题。对于广大的一线第二语言教学工作者而言，其所要培养的能力和面对的任务是，如何借助理想的第二语言教学语法，来处理具体的第二语言语法教学问题，包括教材编写中如何融入该阶段的语法项，如何以适切的方式加以说明和解释，课堂教学中如何根据学习者实际汉语水平处理某个语法点，如何利用范式语料和典型的偏误语料，等等。

第一部分　性质与功能

1. "了"可以用在哪些位置?

"了"主要可以用在两个位置。

一是谓词（包括动词、形容词或述补结构中的动结式、动趋式）的后面，可以称之为词尾"了"。例如：

（1）小王受到了表扬。

（2）水位已经低了两米。

（3）孩子吃完了两碗米饭。

（4）同学们陆续走进了教室。

如果一个句子里有多个谓词连用，词尾"了"往往出现在最后一个谓词的后面。例如：

（5）他走过去弯下腰捡起了地上的一片叶子。

二是句子或小句（分句）的末尾，可以称之为句末"了"。例如：

（6）下雨了！

（7）她回家了。

（8）天快黑了，今天去不成了。

但需要注意的是，句末"了"一定位于句末位置，但位于句末位置的"了"不一定都是句末"了"，是不是句末"了"还要看它是否左向作用于整个句子。（参见后文问题 14、15、35）

2. "了"具有什么功能?

词尾"了"属于体助词(又称"时态助词""动态助词"),作用于谓词,表示"实现",即某种情况(包括动作行为、事件或性状等)在说话时或在给出的参照时间已经成为事实。例如:

(1)他知道了很多事情。(表示"他知道很多事情"这种情况在说话时已经成为事实)

(2)我到家的时候,孩子已经做完了作业。(表示"孩子做完作业"这种情况在参照时间"我到家的时候"已经成为事实)

句末"了"属于语气助词(又称"语气词"),左向作用于整个句子,旨在申明一种新情况、新信息(即言者认为成为事实的某种情况对于听者来说是一种新信息)。不难看出,句末"了"还兼有跟词尾"了"一样的功能,表示"实现"。句末"了"与词尾"了""二者本来密切相关"(吕叔湘,1999:353)。因此,句末"了"可以看作是兼有"实现体"标记功能的句末语气词。例如:

(3)老何有对象了。(既表示"老何有对象"在说话时已经成为事实,同时,将"老何有对象"这个事实作为一个新信息、新情况向听者申明)

(4)我到家的时候,天快黑了。(表示"天快黑"在参照时间"我到家的时候"已经成为事实,同时,将"我到家的时候,天已经快黑"这个事实作为一个新信息、新情况向听者申明)

当然,句末"了"申明的"新情况、新信息"跟时间的远近无关,即不一定指"新近"发生的事情,只要是言者认为其所言对听者来说是一个新信息(听者原来不知道的事实),便可使用句末"了"。例如:

(5)中国人至迟在公元九世纪便已发明火药了。

(6)我三岁的时候父母就带我来过北京了。

3. "了"表示过去时吗?

语言的时体功能范畴实际上包含了两个次范畴:一是"时"(tense),又叫时制;二是"体"(aspect),又叫"时态"。"时"和"体"既有联系又有区别。二者都是用来表示时间信息的,但是着眼点不同。"时"着眼于表示事件何时发生,即标记事件发生的时间在时间轴上相对于说话时间(有的学者把说话时间叫"绝对基点")的位置,可以分为过去、现在和将来三个类别;"体"则强调事件在某个参照时间中处于进程中的何种阶段,显示何种状态,可以表示一般、进行、实现、经历等。这个所谓的参照时间,可以是说话时间,如"家里来了几位客人";也可以是句子中另外给出的参照时间,如"昨天家里来了几位客人"。因此,从理论上讲,每种"体"都可以位于时间轴上的过去、现在和将来。汉语的"时"和"体"并不是一一对应的。

有学者认为"了"表示过去时,这是不对的。不管词尾"了"还是句末"了",都跟"体"有关,跟"时"无关,它既可以是过去的实现,也可以是现在的实现或将来的实现。例如:

(1)昨天我离开时,她已经到了上海。(过去的实现)

(2)昨天我离开时,她已经到上海了。(过去的实现)

(3)她(现在)已经到了上海。(现在的实现)

(4)她(现在)已经到上海了。(现在的实现)

(5)明天你到了上海就给我打电话。(将来的实现)

(6)明天这个时候你已经到上海了。(将来的实现)

在真实语料中,倒是用于现在(说话时)的实现用例最多,这是因为当句中无其他参照时间的时候,即默认以现在时作为时间参照。过去的实现用例次之,如果"了"字句中有其他参照时间的话,这个参照时间确实是以过去的某个时间点居多,也因此,有学者认为"了"本身具有过去时制的标记功能。事实上,这

不是因为 "了" 兼有过去时制功能,而是人认知客观世界的方式使然,对于过去,我们更多地关注发生了什么;而对于将来,我们更关注会发生什么,故相对而言,表达将来的实现会受到一定的限制。

4. 词尾 "了" 表示 "完成" 吗?

以往较为普遍的观点认为,词尾 "了" 表示动作或变化已经完成。不过,在笔者看来,认为词尾 "了" 表示 "完成" 并不十分合理,理由如下:

第一,形容词后的 "了" 解释为 "完成" 不太合理。例如:

(1)这两年,老师头发白了许多。

(2)他最近瘦了很多。

(3)几个月不见,孩子大了不少。

(4)这双鞋大了一号。

(5)这件衣服短了点儿。

(6)我苦了一辈子,就盼着你们不再这么苦。

例(1)~(6)都不是形容词所表示的性状的结束,因而很难说 "了" 表示 "完成"。有学者认为,例(1)~(3) "了" 表示 "性状变化的完成",但实际上例(1)~(3)都是指形容词所指状态从无到有,这就使得所谓 "完成" 的意义等于 "形容词所表示的性状成为事实",而例(4)~(6)根本 "不表示有什么变化,只表示某一性质偏离标准"(吕叔湘,1999:355),"恐怕还是简简单单地看作 '有这么一个事实' 为好"(刘勋宁,1988)。

第二,表示性状的动词后的 "了" 解释为 "完成" 非常勉强。例如:

(7)他懂了不少道理。

(8)他死了三年。

(9)他成为了先进工作者。

(10)父亲终于同意了我的看法。

(11)池子里养了许多鱼。

例（7）～（11）都不是动词所表示的性状的结束，而恰恰是这些动词所表示的性状的实现。如果非得认为"了"表示"性状变化的完成"，那么，这里所谓"完成"的意义也是等于"动词所表示的性状成为事实"。况且，句义的重点也正在于描述这些已经存在的事实，这在例（11）这样的存现句中是非常明显的。

实际上不仅表示性状的动词，即使是一些动作动词后的"了"，也无法解释为"完成"。例如：

（12）有什么问题去了再说。

（13）她的红斑狼疮已经到了晚期。

例（12）"说"的动作发生在"去"这一动作行为实现之时，而非结束之后，因为"说"的地方尚在彼，不在此；例（13）表示的是"到晚期"成为事实而非"到晚期"的结束。

第三，动结式述补结构后的"了"解释为"完成"也非常勉强。例如：

（14）他放平了桌子。

（15）孩子弄脏了衣服。

（16）她哭红了眼睛。

（17）小王笑弯了腰。

例（14）（15）可以认为"放"或"弄"的动作已经结束了，"平"或"脏"的状态成为事实，但绝非结束。一般认为，动结式中，在语法和语义方面起主导作用的是"结"而不是"动"（述），这正是说明其中的"了"表示"平"或"脏"的状态成为事实。例（16）（17）则更是连"哭""笑"的动作是否结束也不一定。

第四，动趋式述补结构后的"了"同样也很难解释为"完成"。例如：

（18）老百姓终于过上了好日子。

（19）前面走来了一老一少。

（20）我甚至已经想起了每次在梦中回来都干些什么。

（21）他俩说着说着就打了起来。

（22）上课铃后，教室里渐渐平静了下来。

（23）消息很快传了出去。

（24）他把车子开了过来。

第五，如果句中另有后续分句说明动作没有结束，"了"更难解释为"完成"。例如：

（25）我干了半天也没干完。

（26）这段路我们走了四十分钟，还剩下两千米要走。

第六，汉语中有专门表示动作完成的一些语法成分，如在补语位置上的"完、好、成、见、会"等。如果用动词后真正表示完成的"完"来替换词尾"了"，我们会发现替换后的句子都不成立。即使是那些动作行为"成为事实"的同时也伴随着动作行为结束的句子，其中的"了"多半也不能用"完"来替换，或者是替换后意义会发生变化。例如：

（27）a. 我买了三张票。

　　　b.* 我买完三张票。

（28）a. 他接到电话，当时立即通知了小王。

　　　b.* 他接到电话，当时立即通知完小王。

（29）a. 这本书我大概看了四天。

　　　b.* 这本书我大概看完四天。

（30）a. 我休息了三天。

　　　≠b. 我休息完三天。

（31）a. 他睡了一个钟头。

　　　≠b. 他睡完一个钟头。

例（27）～（31），a 句中的"了"，与其把它们看作"完成"，毋宁看作"实现"，表示"买票""通知小王""看四天（连续四天或加起来四天）""休息三天""睡一个钟头"等动作行为已经成为事实。

第七，"谓词+了"的否定形式是"没有+谓词"，其中"没有"否定的不是"完成"状态，而是"否定动作或状态已经发生"（吕叔湘，1999：383），也就是谓词所指尚未成为事实。例如：

（32）a. 吃了饭就去。

　　　b. 没吃饭就去。

（33）a. 采取了措施。

　　　 b. 没采取措施。

（34）a. 水开了冲的。

　　　 b. 水没开冲的。

（35）a. 柿子红了摘的。

　　　 b. 柿子没红摘的。

例（32b）中的"没吃饭"是根本没有吃，而不是没有吃完；例（33b）中的"没采取措施"是根本没采取，而不是没有采取完；例（34b）（35b）中的"水没开""柿子没红"指"开""红"的状态尚未出现。显然，"了"与"没有"的对立正是谓词所指"实现"（已经存在这么一个事实）与"未实现"（不存在这么一个事实）的对立。

综上，词尾"了"本身的语法功能并不表示"完成"，而是表示"实现"，即某种情况（包括动作行为、事件或性状等）在说话时或给出的参照时间成为事实。某种情况成为事实有可能同时伴随着动作行为的完成，但也可能不是。（关于这一点，可以参见问题6。）

5. 句末"了"只表示语气吗？

问题2已经谈到，句末"了"属于语气助词，作用于整个句子，旨在申明一种新情况、新信息。同时，句末"了"还兼有词尾"了"一样的功能，表示"实现"。因此，句末"了"可以看作是兼有"实现体"标记功能的句末语气词，就是说，当句中没有其他"实现体"标记成分的时候，它的有无会影响到句子的体意义（体意义属真值语义），因而句末"了"并非纯粹的语气词。

吕叔湘（1999：353）认为句末"了"与词尾"了"二者本来就密切相关，这是有道理的。理由如下：

第一，在一些日常的会话当中，不难发现词尾"了"和句末"了"有着紧密的联系，不能截然将两者区分开来。例如：

（1）——你买了菜没有？

　　　——买了。

（2）——我吃了。

　　　——吃了什么？

（3）——我饭吃完了。

　　　——吃完了饭再吃点儿水果吧。

例（1）～（3）三组对话中，词尾"了"和句末"了"在话轮里的相承关系都非常明显，可见词尾"了"和句末"了"在"实现体"的标记功能上应该是一致的。再如：

（4）——昨天晚上我做了一个梦。

　　　——你梦见了什么？／你梦见什么了？

例（4）两个答句中，尽管"了"的位置不同，但句子的基本语义是一致的。

第二，有些时候，句中的"了"到底属于词尾"了"还是句末"了"，存在依违两可的情况。例如：

（5）——你吃了吗？

　　　——吃了。

（6）——书买了没有？

　　　——买了。

一般认为例（5）（6）问话中的"了"属于句末"了"。但是，例（5）（6）这类问句里的"了"并不是统摄全句的语气词，整个句子的疑问语气与它无关，且它在句中主要体现的是"实现体"的标记功能，故将它看作词尾"了"似乎也有一定的道理。

第三，很多时候句子中的词尾"了"可以因为句末"了"的存在而省略，并不影响基本语义的表达。能够省略，说明句末"了"的功能蕴含了词尾"了"的"实现体"标记功能，从而使词尾"了"成了羡余成分。例如：

（7）a. 小李报了名了。

　　＝b. 小李报名了。

（8）a. 老何有了对象了。

＝b. 老何有对象了。

（9）a. 我朗读了三遍了。

＝b. 我朗读三遍了。

（10）a. 我在北京住了半个月了。

＝b. 我在北京住半个月了。

这一点实际上已经涉及词尾"了"和句末"了"在"实现体"标记功能上的羡余问题，我们将在问题 22 中展开具体讨论。

综上，句末"了"和词尾"了"在体意义上密切相关，都具有"实现体"标记功能，因此，对二者的体意义不必刻意求异，不必过分纠缠于词尾"了"和句末"了"的绝对分别。不过，词尾"了"是通过直接作用于谓词本身来完成对事件状态的标记，句末"了"是通过作用于整个句子来完成对事件状态的标记，并具有统摄全句语气的作用。因此，词尾"了"和句末"了"在语法功能上既相互联系又有明显的区别，这种区别甚至会影响到基本语义的表达，我们会在问题 23 和问题 29 中展开具体讨论。

6. "了"所表示的"实现"包括哪些情况？

动作行为或性状的实现（成为事实），存在以下三种情况。

第一，动作行为的结束，即整个动作行为过程的实现。例如：

（1）我已经询问了营业员。

（2）我刚看了场电影。

（3）才换了衣服，你又弄脏了！

（4）刚才他打电话叫了一辆车。

例（1）～（4）中"询问""看""换""叫"等动作行为实现后，这些动作行为本身也就结束了。也正是因为这些动作行为本身已经结束了，所以许多人认为词尾"了"表示"完成"。关于这点，刘勋宁（1988）已阐述得比较清楚，他认为，"实现"与"完成"所指范围是交叉的（即在语义上具有某种重合）。"实现"是就动作是否成为事实而言的,"完成"是就动作的过程是否结束而言。过程的结束可以是事实,但是,是事实的却不一定是过程的结束。当"了"所标记的动作正好处于完成状态时,二者重合(但角度不同),只要超出了这个范围,二者就大相径庭了。这一点对词尾"了"和句末"了"都是适用的。下面的例(5)、例(6)中,句末"了"所表示的动作行为实现的同时,该动作行为本身也结束了。

(5)票我已经买了。

(6)他通知我了。

不过,尽管"实现"可能是动作行为的结束(完成),"实现"和"完成"所标记的"体"意义(状态义)也还是不同的。前者侧重于动作行为全程是否成为事实,后者侧重于动作行为过程是否结束。因此,如果将前面例(1)~(6)中的"了"改为"完成体"的标记成分"完",改后的句子有的虽然可以说,但体现出来的"体"意义是有所不同的,如例(2)(3)改后的句子;有的根本就不能说,如例(1)(4)和例(5)(6)改后的句子。当然,如果是同时出现"完 + 了",可以看作是一种复合体,最外层还是"实现体",表示动作行为的完成已成为事实。

第二,动作行为或性状的起始,即动作行为过程或性状从无到有的实现。例如:

(7)外面刮风了。(未刮风→刮风)

(8)米饭熟了。(未熟→熟)

(9)小明也喜欢跳舞了。(不喜欢→喜欢)

(10)他俩说着说着就打起来了。(未打→打)

(11)会场上响起了热烈的掌声。(未响→响)

(12)马走着走着就跑了起来。(未跑→跑)

(13)消息很快传了出去。(未传→传)

例(7)~(9)是性状的从无到有,例(10)~(13)是动作行为的从无到有。实际上,例(10)~(13)中的"了"与"起始体"标记词"起""起来""出去"等构成了一种复合态。

其中，例（10）（11）中"打起来了""响起了"是"起始＋实现"，"实现体"标记词"了"处于最外层，可以理解为"打起来"（开始打）、"响起"（开始响）这么一个事实出现了。

至于例（12）（13）的"跑了起来""传了出去"是很值得推敲的。我们认为，在两种"体"的关系上，仍然是"起始＋实现"，"实现体"标记词"了"还是处于最外层，可以理解为"跑起来"（开始跑）、"传出去"（开始传）这么一个事实出现了。这是有理由的：

一是"V＋了＋复合趋向补语"是一类比较独特的格式，如果对这一格式本身进行提问，不能是"V＋了＋复合趋向补语＋吗"的形式，而只能使用"V＋复合趋向补语＋了＋吗"。例如：

（14）——马走着走着就跑了起来。

　　　——马跑起来了吗？　/＊马跑了起来吗？

（15）——他俩说着说着就打了起来。

　　　——他俩打起来了吗？　/＊他俩打了起来吗？

事实上，"V＋了＋复合趋向补语"格式不能单独用来提问，也不能在末尾加上"吗"或"没有"来提问，还不能单独用来回答问题，而"V＋复合趋向补语＋了"则可以。例如：

（16）a. 他读下去了？

　　　b.＊他读了下去？

（17）a. 他读下去了吗？

　　　b.＊他读了下去吗？

（18）a. 马跑起来了？

　　　b.＊马跑了起来？

（19）a. 马跑起来了没有？

　　　b.＊马跑了起来没有？

（20）——马跑起来了吗？

　　　——马跑起来了。/＊马跑了起来。

二是据柯理思（2006）考察，在北方话的语法体系中并没有类似"走了进来""搬了出去"这类在一般动词和复合趋向补语之间插入体标记的格式，而只有"走进来了""搬出去了"的格式。陈刚（1987）也认为"走了进来"这一类格式在地道的北京口语里是不存在的。杨德峰（2017）通过考察语料发现，在句法分布上，"V了C"非常受限，只能做谓语，不能做主、宾语，不能带宾语、补语，不能受否定副词的修饰，前面不能出现能愿动词，而"VC了"则几乎可以做任何句法成分，因此，文章认为"VC了"是无标记项，"V了C"是有标记项。这说明"V＋了＋复合趋向补语"格式使用相当受限，与"V＋复合趋向补语＋了"格式存在句法分布上的不对称。同时也可以认为，"V＋了＋复合趋向补语"格式对于"V＋复合趋向补语＋了"格式来说，并没有明显独特的语义功能，即二者的基本语义是一致的。

不过，在汉语书面语中，"V＋了＋复合趋向补语"确实丰富了汉语书面语的表述功能，即"跑了起来""打了起来"与"跑起来了""打起来了"在表述功能上的确存在差别，前者更强调"起始"，后者更强调"结果"，这与前者的"了"是词尾"了"，是纯粹的"实现体"标记词，后者的"了"是句末"了"，是兼有"实现体"标记功能的句末语气词有一定的关系。（关于这一点，可以参见后文问题41。）

第三，动作行为或性状的持续，即动作行为过程阶段性的实现或处于某种性状中。例如：

（21）已经念好几遍了，再念两遍就休息一会儿。

（22）我在北京已经住半个月了，再过几天就要离开。

（23）已经热了差不多一个月还不见凉快。

（24）他已经睡了两个钟头还在睡。

（25）这活儿我干了半天还没干完。

（26）他死了很久了。

（27）他知道了很多事情。

（28）门口站了一个人。

（29）池子里养了许多鱼。

例（21）～（25）是动作行为的持续，例（26）～（29）是性状的持续。同样，"实现"与"持续"也是一种交叉重合关系，过程的持续可以是事实，但是，是事实的却不一定是过程的持续。"持续"义不是"了"所带来的：有的是上下文带来的，如例（21）～（25），假如例（21）改为"已经念好几遍了，我不念了"，动作行为"念好几遍"实现的同时，也是动作行为过程的结束；有的跟动词本身的属性有关，如例（26）（27）中表示性状的动词"死""知道"；有的是存现句式本身带来的，如例（28）（29），类似这样的存现句中的"了"可以替换为"着"而句子基本语义能够保持不变，这是存现句这一特殊句式造成的，因而主要也限于存现句中可以这样替换，如例（21）～（27）中都是不能这样替换的。关于存现句中"了"和"着"的可替换性，王还（1990）的研究中已经提及，这种以处所词为主语、以"摆""盖""挂""糊"这类动词为述语的句子，可以把"着"换成"了"而意思不变。不过，尽管在存现句中"着"和"了"二者可相互替换而不影响句子的合法性，但"了"和"着"毕竟是两种不同的体标记，因此，二者之间还是有一定差别的：用"了"强调某种状态成为一个事实，用"着"则强调某种状态的持续。

实际上，第二种情况（动作行为或性状的起始）也可以与第三种情况（动作行为或性状的持续）归在一起，因为它们都说明已经处于某种动作行为过程或性状中。如果从"界限"特征来看，第一种情况凸显事件的终点，第二、三种情况不涉及终点，其中第二种情况凸显事件的起始点，第三种情况则淡化了事件的起始点。

7. 为什么"我吃饭了"会有多义性？

不管是词尾"了"还是句尾"了"都具有"实现体"的标记功能。前面（问题6）已经说明，动作行为或性状的实现（成为事实）存在以下几种情况：一是动作行为的结束，即整个动作行为过程的实现；二是动作行为或性状的起始，即动作行为过程或性状从无到有的实现；三是动作行为或性状的持续，即动作行为过程阶段性的实现或处于某种性状中。

正是因为所谓的 "实现" 存在上述几种情况，所以 "我吃饭了" 在不同的语境中，也可以表达以下不同的意思：

第一，"吃饭" 这一行为的结束，即 "吃饭" 整个行为过程的实现。例如：

（1）我吃饭了，现在就跟你一起出发吧。

第二，开始 "吃饭"，即 "吃饭" 这一行为过程从无到有的实现。例如：

（2）我吃饭了，你们也快过来一起吃吧。

当然，为了尽量避免产生歧义，如果想表达 "吃饭" 这一行为的结束，可以说 "我吃完饭了" 或者 "我吃了饭了"；如果想表达 "吃饭" 这一行为的开始，可以说 "我开始吃饭了"。

8. "了" 的使用具有怎样的灵活性？

"了" 的使用具有相对的灵活性，即在时体意义相同的句子当中，存在 "了" 的隐现形式不一致、不对称的现象。这是因为 "了" 具有 "实现体" 的标记功能，不同于屈折语的形态变化，它与 "着""过" 一样都是一种添加手段，是 "表示所属语法范畴的充分形式而非充要条件形式"（戴耀晶，1997：39-40）。"了" 在使用上的灵活性主要体现在：

第一，"了" 标记 "实现体" 意义，可以通过作用于谓词本身来完成对事件状态的标记（我们称之为词尾 "了"，即一般所说的 "了$_1$"），也可以通过作用于整个句子来完成对事件状态的标记（我们称之为句末 "了"，即一般所说的 "了$_2$"）。例如：

（1）a. 他坐了下来。

　　　b. 他坐下来了。

（2）a. 我吃了两碗米饭。

　　　b. 我吃两碗米饭了。

例（1b）（2b）中的谓词 "坐""吃" 后的 "了" 之所以可以隐去，是因为体意义都由句末的 "了" 来承担了。

第二，"了"并非"实现体"的唯一标记，"实现体"未必一定用"了"来标记，还可以有其他形式来标记。例如：

（3）a. 任务完成了。

　　b. 任务已经完成。

（4）a. 前期工作落实了。

　　b. 前期工作业已落实。

（5）a. 请你把这句话删了。

　　b. 请你把这句话删掉。

例（3b）（4b）（5b）中句末的"了"之所以可以隐去，是因为体意义分别由"已经""业已""掉"来承担了。

第三，在一个连动结构的句子当中，并非一定要在每个动词后都添加"了"方能体现"实现体"。例如：

（6）a. 他搬了个凳子坐了下来。

　　b. 他搬个凳子坐了下来。

　　c. 他搬了个凳子坐下来。

（7）a. 他抓了条鱼放进了桶里。

　　b. 他抓条鱼放进了桶里。

　　c. 他抓了条鱼放进桶里。

例（6b）（7b）中谓词"搬""抓"后的"了"之所以可以隐去，是因为体意义分别由第二个谓词"坐"和"放进"后的"了"来承担了。而例（6c）（7c）中的谓词"坐""放进"后的"了"之所以可以隐去，是因为体意义分别由第一个谓词"搬"和"抓"后的"了"来承担了。

当然，一个连动式中，"了"同时出现在 V_1 和 V_2 之后，或者"了"只出现在 V_1 或 V_2 之后，虽然不影响句子的基本语义（逻辑真值语义），但会对句子信息重心的分布产生影响，从而影响到句子的语用表达。（关于这一点，可以参见后文问题 27。）

9. "了"的使用跟语体有关吗?

"了"的使用,尤其是句末 "了" 的使用,跟语体有着密切的关系。

孟子敏(2007)对 "了$_1$"(即本书所说的 "词尾'了'")和 "了$_2$"(即本书所说的 "句末'了'")在口语和书面语中的分布情况分别进行了考察,结论是:在口语中,"了$_1$""了$_2$" 都是不可缺少的表达成分,其中 "了$_2$" 的出现频率明显高于 "了$_1$"("了$_1$""了$_2$" 的平均出现频率分别是 0.0059 和 0.0091,"了$_2$" 比 "了$_1$" 高出了 0.0032);在典型的书面语中,只使用 "了$_1$",不使用句末语气词 "了$_2$",且 "了$_1$" 的出现频率要低于口语中的出现频率(书面语中 "了$_1$" 的平均出现频率是 0.0026,口语中 "了$_1$" 的平均出现频率是 0.0059)。文章所统计的书面语语料是《政府工作报告》(1999 年~2007 年)。事实上,在《政府工作报告》(2002 年)中出现了一个 "了$_2$" 的例子:"今年中央财政预算赤字 1503 亿元,比去年增加了,但发债规模并没有扩大。"文章认为,此例 "了$_2$" 的出现显得有些突然,其用法不十分典型,宜在其后再补充一个数据,这样,其中的 "了" 便应认定为 "了$_1$" 而非 "了$_2$"。据此,该文认为书面语中仅有的 1 例 "了$_2$" 也不能成立。孟子敏所得出的书面语只使用 "了$_1$" 的结论似乎有些出人意料,但从 "了$_2$" 所具有的 "现时相关性"(current relevance),以及 "了$_2$" 的存在使句子具备了实时交互性这一点来看,典型的书面语(非交流性语言)中不出现 "了$_2$" 也就完全可以理解了。

我们也曾对 "实现体" 标记成分 "已经"、词尾 "了"、句末 "了" 之间的各种组配形式在一些典型的书面语文献和典型的口语文献中的表现情况进行过详细统计(邵洪亮,2015)。表 9-1、9-2 是从中抽取出来的关于词尾 "了"(含词尾 "了" 独用和 "'已经'+词尾'了'")、句末 "了"(含句末 "了" 独用和 "'已经'+句末'了'"),以及 "词尾'了'+句末'了'"(含 "词尾'了'+句末'了'" 和 "'已经'+词尾'了'+句末'了'")出现次数的统计:

表 9-1 词尾"了"和句末"了"在典型的书面语文献中出现的次数

文献	词尾"了"	句末"了"	词尾"了"+句末"了"
2004 年—2012 年《政府工作报告》（177,721 字）	310	1	0
党的十六大—十八大报告（84,545 字）	97	2	0
《人民日报》（1995-09-04）（81,066 字）	533	49	0
科技论文（5 篇）（45,715 字）	171	2	0
总数（389,047 字）	1111	54	0

表 9-2 词尾"了"和句末"了"在典型的口语文献中出现的次数

文献	词尾"了"	句末"了"	词尾"了"+句末"了"
话剧《茶馆》剧本（31,430 字）	144	238（90）[①]	5（4）
话剧《西望长安》剧本（42,113 字）	269	254（28）	1
话剧《方珍珠》剧本（40,293 字）	239	343（76）	4（4）
小品剧本（7 部）（19,861 字）	113	215（7）	3（1）
相声《百吹图》剧本（3,567 字）	6	82（65）	1（1）
总数（137,264 字）	771	1132（266）	14（10）

① 句末"了"的出现次数包括"啦"（即"了＋啊"的合音）在内。括号内为"啦"的出现次数。

在我们所统计的 2004—2012 年的《政府工作报告》中，仅仅在 2010 年的报告中出现了 1 例句末"了"，原文如下：

（1）从财政收入看，上年一次性特殊增收措施没有或减少了，还要继续实施结构性减税政策，财政收入增长不会太快；从财政支出看，……

从句子的语气来看，这个句末"了"还不是十分典型。所统计的党的十六大至十八大报告中，仅仅在十七大报告中有两个连续的具有排比关系的句子中出现 2 例句末"了"，原文如下：

（2）从农村到城市、从经济领域到其他各个领域，全面改革的进程势不可当地展开了；从沿海到沿江沿边，从东部到中西部，对外开放的大门毅然决然地打开了。

排比句本身语气比较强烈，具有一定的抒情性，也具有很强的实时互动性和现时相关性，是典型的交流性语言，因而这两个排比句使用句末 "了" 也在情理之中。

《人民日报》中，句末 "了" 有一定量的出现，主要有以下几个原因：

一是有些报道文学性较强，为了提高读者的参与度，或为了引起共鸣或引起读者注意，有意采用了交流性语言，例如：

（3）一转眼四年过去了，现在这两个村子怎么样了呢？

（4）一场在党领导下的抗洪救灾重建家园的战斗打响了。

这些表达都有意识地融入了一种交流性语言，目的是拉近与读者的心理距离，使读者身临其境，达到一种实时交互的效果。

二是直接引用告白或是心理的独白，而这些本来就是纯粹的口语形式。因此，从这个角度来看，政论文和科技论文比起新闻报道来，其书面语体色彩更为典型。

鉴于目前书面语体和口语语体之间还没有一个十分明确的界限，并且我们在一般认为属于书面语体的语料中也发现有少量使用句末 "了" 的事实，我们尚不能下结论说书面语中一定不出现句末 "了"。但是，书面语中不使用句末 "了" 的倾向还是非常明显的。并且可以认为，即使在书面语中，只要句子带上句末 "了"，也便具有了交流性语言的性质，其使用目的是拉近与读者的距离。

10. 句末 "了" 为什么只出现在交流性语言中？

齐沪扬、邵洪亮（2020）认为交流性语言具有以下三个特性：

1. 现场性。所谓现场性是指在言语活动过程中，言者和听者共处于同一时空环境（包括由电话、网络视频、电视画面等营造的虚拟的时空环境），即交际双方都同时置身于言语所描述的情景中（身临其境），或者交际双方虽无法同时身临其境，但言者有意通过言语使得听者好像和言者一道在现场共同感知言语所描述的情景（如同身临其境）。现场性是交流性语言具有实时交际功能的前提。

2. 实时性。所谓实时性是指言语内容就发生在现在（说话时），或者虽然发生在过去，但一定与现在相关（与现在发生了某种联系）。

3. 交互性。交互性是指交际双方因同处一个言语情景可以即时发生互动交流关系，传递、交换信息。交互性强化了言者对听者视角的观照，言者主观上有与听者互动交流的意愿，即言者发出讯息时，会考虑到听者的实际情况，并预测到听者的反应，或希望通过听者的反馈来确认言语的效果。

交流性语言的上述三个特性综合起来可以统称为"实时交互性"，跟有的学者所说的"主观近距离交互"（王洪君、李榕、乐耀，2009）、"现时相关性"（邵洪亮，2015）、"当前情境相关性"（刘娅琼，2016）基本上是一致的。我们平时面对面的口头交流，使用的基本上都是交流性语言。

当然，现场性、实时性和交互性可以是言者主观模拟的。倘若没有使用交流性语言的语境而言者却选择使用交流性语言，那么其目的一定是为了拉近与听者的距离，提高听者的参与度或引起听者注意。比如在一些报告文学、新闻报道、电视讲话（非工作报告）中，言者经常有意使用交流性语言。

一般认为句末"了"具有"申明"语气功能，表明言者认为其所言对听者来说是一个新信息、新情况，即句末"了"的作用就在于申明这种新信息、新情况。[①] 而向听者申明这种新信息、新情况，实际上就具有了一种实时交互性和现时相关性。现时相关性是从实现了的事件与现在（即言语情景）之间的特定联系或对现在所产生的影响这个角度来考虑的。就是说，不管事件是在过去、现在还是将来实现，句末"了"的存在使得实现了的事件与言语情景发生了某种联系或对其产生了某种影响。比如"他十年前就来上海了"这样的句子，我们认为，其"实现体"的参考时间还是句子中给出的"十年前"，属于"过去的实现"。但由于句末"了"的实时交互性和现时相关性，该句与现在（言语情景）发生了某

---

① 参见刘勋宁（1990），肖治野、沈家煊（2009）。后者将"了₂"分为行域义、知域义、言域义。我们认为，"了₂"的确关涉三域，但考虑到三域之间常有交叉情形，而且不管是"新行态的出现""新知态的出现"还是"新言态的出现"，"了₂"仍然可以概括为一个意义，即申明新信息、新情况的出现。故本书暂不做分化。

种联系，在不同的语境中可能传达出"他来上海已经很久了""他对上海很熟悉了"等各种与现在有联系或对现在产生影响的暗含信息（这也是言者想要传递的信息）。并且，如果没有后续说明，"他在上海"这一行为还将持续下去。张黎（1997）认为句末的"了"同说话时有关系，这大概也是意识到了句末"了"的这种实时交互性和现时相关性。

王洪君、李榕、乐耀（2009）甚至认为可以以语气词和"了₂"作为形式依据，把汉语的语体在最高的层级上分为两类——"主观近距交互式语体"（非正式语体）和"主观远距单向式语体"（正式语体）。这正是意识到语气词的使用对语言产生的重要影响，并将语言的交互语气与近距离（即我们所谓的"实时"）交际功能作为了语体最上位的分界依据。

问题9中表9-1、9-2是对具有"实现体"标记功能的词尾"了"和兼有"实现体"标记功能和申明语气功能的句末"了"在一些典型的书面体（正式体）文献和典型的口语体（非正式体）文献中的使用情况进行的详细统计，表明典型的书面体中不使用句末"了"的倾向还是非常明显的。

事实上，几乎所有的语气词都可以在典型的口语体语料中出现，而在典型的书面体语料中却极少出现。因此，我们也可以将语气词看作是交流性语言的形式标记。（参见齐沪扬、邵洪亮，2020）

11. 如何理解"你吃了吗"中的"了"？

"你吃了吗"中的"了"到底属于词尾"了"还是句末"了"，存在依违两可的情况：有的学者认为它在句中体现的是"实现体"标记功能，而且统摄整个句子的疑问语气与它无关，那么可以认为它是词尾"了"；更多的学者认为它与句末的"吗"构成了一个复合语气成分，其中的"了"属于句末"了"。

我们更倾向于认为其中的"了"属于句末"了"。理由是，如果动词后再加上一个宾语，"了"一般要位于宾语的后面。例如：

（1）年三十晚上你吃饺子了吗？

（2）上课前你吃早饭了吗？

例（1）（2）中的"了"毕竟不是位于谓词末位，而是位于整个动宾短语的末位，故将它看作词尾"了"并不十分妥当。因此，我们认为宜将"你吃了吗"中的"了"统一看作句末"了"；但同时可以认为，在类似例（1）（2）这样的是非疑问句中，句末"了"的"申明"功能已经弱化，主要体现的是其"实现体"标记功能，以及作为句末语气词所体现出来的实时交互性和现时相关性。

用于特指疑问句的句末"了"，其"申明"功能也已经弱化，同样体现的是其"实现体"标记功能，以及作为句末语气词所体现出来的实时交互性和现时相关性。试比较：

（3）a. 上午你去哪儿了？

　　　b. 上午你去了哪儿？

（4）a. 昨天晚上你们看什么电影了？

　　　b. 昨天晚上你们看了什么电影？

例（3a）（4a）与例（3b）（4b）所体现出来的基本语义（包括体意义）是一致的，差别主要在于问话的语气上，前者的交互性显得更为强烈。但一般认为，疑问句本身也属于具有实时交互性的交流句（齐沪扬、邵洪亮，2020），因此，例（3a）（4a）与例（3b）（4b）之间在语气上的差别即使以母语者的语感来判断也是较难区分的。

12. 如何理解"你吃了没（有）"中的"了"？

"你吃了没（有）"中的"了"到底属于词尾"了"还是句末"了"，同样存在依违两可的情况。它在句中体现的是"实现体"标记功能，而且统摄整个句子的疑问语气与它无关，那么可以认为它是词尾"了"。但是从应答句或非言语形式的应答方式来看，"你吃了没有"的疑问功能与"你吃了吗"基本相同。例如：

（1）——你吃了吗？／你吃了没有？

　　　——吃了。

　　既然我们倾向认为 "你吃了吗" 中的 "了" 是句末 "了"，那么，同样可以认为 "你吃了没（有）" 中的 "了" 也是句末 "了"。况且，如果动词后再加上一个宾语，"了" 一般也是位于宾语的后面。例如：

　　（2）年三十晚上你吃饺子了没（有）？

　　（3）昨天你去医院了没（有）？

　　（4）你买词典了没（有）？

　　例（2）（3）（4）中的 "了" 位于整个动宾短语的末位，如果将它看作词尾 "了" 也不太妥当。

　　综上，我们认为宜将 "你吃了没（有）" "你吃了吗" 中的 "了" 统一看作句末 "了"。与此相关的，"你吃（饺子）了不是" "你吃（饺子）了是不是" 等句子中的 "了" 都可以统一视为句末 "了"。不过，我们同样可以认为，在上述这些疑问句中，句末 "了" 的 "申明" 功能也已经弱化，体现的是其 "实现体" 标记功能，以及作为句末语气词所体现出来的实时交互性和现时相关性。

　　事实上，对于 "你吃了没（有）" 这样的问句到底属于是非问句、正反问句还是选择问句，还可以持不同的意见：如果认为它是 "你吃了没吃" 的省略式，那么可以认为 "你吃了没（有）" 属于正反问句；如果认为它是 "你吃了还是没吃" 的省略式，那么可以认为 "你吃了没（有）" 属于选择问句；如果认为 "你吃了没（有）" 中的 "没（有）" 在句末高频使用，已经从副词语法化，成为句末语气词了，且其疑问功能与 "你吃了吗" 基本一致（故应答形式也基本一致），那么认为 "你吃了没（有）" 属于是非问句也不是没有道理的。

　　当然，同样的问话也确实有使用典型的词尾 "了" 的情况。例如：

　　（5）年三十晚上你吃了饺子没（有）？

　　（6）昨天你去了医院没（有）？

　　（7）你买了词典没（有）？

　　例（5）（6）（7）中的 "了" 只能属于词尾 "了"。

13. 如何理解"该出发了"中的"了"?

"了"可以用在表示催促、提醒的祈使句末尾。例如:

(1)该出发了!

(2)十二点了,该睡觉了。

(3)小明,吃饭了!

(4)各位安静,上课了!

有学者认为用于表示催促、提醒的祈使句末尾的"了"单纯表示提醒、催促语气。我们认为,这样处理是将"了"的功能复杂化了。提醒、催促语气是由整个句子带来的,而非"了"的功能。这些句子中的"了"仍然是兼具"实现体"标记功能和"申明"语气功能的语气词——句末"了"。因此,例(1)~(4)还可以分别变换成下面的例(5)~(8),变换后语义基本不变:

(5)已经到了该出发的时候了!

(6)十二点了,已经到了该睡觉的时候了。

(7)小明,可以吃饭了!

(8)各位安静,已经到上课时间了!

还有一类比较常见的"V+结果补语+了"式表肯定的祈使句,其中的"了"也同样是兼具"实现体"标记功能和"申明"语气功能的语气词——句末"了"。例如:

(9)这个问题你可要看仔细了。

(10)这件事怎么跟他说,你该想清楚了。

(11)这儿人这么多,你得把孩子看紧了。

例(9)~(11)分别可以理解为"到了你要看仔细的时候了""到了你该想清楚的时候了""到了你得把孩子看紧的时候了"。将这些用于表肯定的祈使句的"了"仍然理解成兼有"实现体"标记功能的句末语气词"了",是因为用于祈使性"V+结果补语+了"中的"了"与那些用于陈述性"V+结果补语+了"中的"了"具有同一性。例如：

（12）这个问题我可要看仔细了。

（13）这件事怎么跟他说，老王已经想清楚了。

（14）这儿人很多，父亲把孩子看得更紧了。

14.　如何理解"你把它扔了"中的"了"？

我们先看几个祈使句的例子：

（1）你把它扔了。

（2）你把这句话删了。

（3）咱得把这杯酒干了！

有学者认为祈使句中句子末尾的"了"是一个纯粹的语气词，表祈使语气。我们认为，这样处理也是将"了"的功能复杂化了。事实上，整个句子的祈使语气不是由句末"了"来体现的，而是由整个"把"字句式来体现的。祈使句是要求别人实现某种行为，这些祈使句中的"了"的"实现体"标记功能倒是更主要的。因此，与其说它是句末"了"，不如认为它是单纯的体标记——词尾"了"。我们认为它是词尾"了"的理由有以下四个：

一是因为这些祈使句本身就没有"申明"的语气。

二是对这些祈使句可以进行如下变换而基本语义保持不变：

（4）你把它扔掉。

（5）你把这句话删掉。

（6）咱得把这杯酒干完！

例（4）～（6）中的"了"由补语"掉""完"替换后，句子语义保持不变，这是因为这些补语成分（"完""掉"表示动作行为全程的实现）跟词尾"了"一样有表达"实现"意义的功能。

三是句末"了"与"已经"是一种高频共现关系，它们共现几乎没有什么条件限制。但这些祈使句中完全不能使用"已经",这是因为时间副词"已经"附带有强调和"申明"的语气功能,与这些句子的祈使语气相冲突。(杨永龙,2002;邵洪亮,2013、2015)

四是如果将这些祈使性"把"字变换成一般的主动宾句而保持语义不变,其中的"了"只能位于动词词尾,不能位于句末宾语之后。例如:

(7)你扔了它。

(8)你删了这句话。

(9)咱得干了这杯酒!

这样看来,虽然句子末位的"了"在绝大多数情况下兼有体标记功能和"申明"的语气功能,但也可能存在只凸显其体标记功能(相当于单纯体标记的词尾"了"的功能)或者只凸显其语气功能(相当于一个单纯的"申明"语气词的功能)这样两种比较特殊的情况[①]。

附带说明一下,也有学者将类似"你把它扔了""咱得把这杯酒干了"中的"了"看作是结果补语"了"而与助词"了"相区别。但我们认为,"实现"说仍然可以统摄这一部分所谓"结果补语'了'"的语料,那么遵循教学应用上"解释说明能简不繁""义项概括能合不分"的原则,我们就不再将之分化。

15. 如何理解"别吃了"中的"了"?

句子"别吃了"在不同的语境中可以有两种分析:

第一种是"别|吃了",即阻止别人不要把某个东西吃了。

第二种是"别吃|了",即要求别人不要再做出"吃"这个动作行为。

第一种情况下,其中的"了"当属词尾"了",句子可以变换成"别吃掉"或者"别吃完"。与此类似的如:

(1)别忘了!

---

① 其中句末"了"只凸显语气功能的情况,参见问题16。

（2）别让敌人跑了！

例（1）（2）中的 "了" 均可替换为 "掉" 而基本语义不变。当其中的动词后添加宾语时，"了" 只能位于动词词尾，而不能位于句末。例如：

（3）别忘了这件事。

例（3）还可以转换成 "把" 字句：

（4）别把这件事忘了。

第二种情况 "别吃 | 了" 中的 "了" 当属句末 "了"，句子无法变换成 "别吃掉" 或者 "别吃完"，但是可以理解成 "到了这个时间，你就别吃了""目前这种情况下，你就别吃了" 等，主要还是向听者申明一种新情况。与此类似的还有：

（5）你歇歇吧，别跑了。

（6）人家都休息了，你就别跳了！

当其中的动词后添加宾语时，"了" 只能位于句末，而不能位于动词词尾。例如：

（7）该睡觉了，别吃苹果了。

（8）你歇歇吧，别跑那么多圈了。

（9）人家都休息了，你就别跳那么劲爆的舞了！

总之，句末 "了" 一定位于句末位置，但位于句末位置的 "了" 不一定都是句末 "了"。

16. 如何理解 "可好了/太小了/最好了" 中的 "了"？

有的 "程度副词 / 语气副词＋形容词＋了" 句式，其末尾的 "了" 凸显的是它的 "申明" 的语气功能，而其 "实现体" 标记功能则已淡化，相当于一个比较纯粹的语气词。在这种特殊的情况下，具有 "实现体" 标记功能的 "已经" 是不能跟这个句末 "了" 共现的，即只能使用 "了"，不能使用 "已经"，否则，句子不合法或语义会发生明显变化。例如：

（1）a. 这出戏可好了！

b.* 这出戏已经可好了！

（2）a. 这双鞋太小了。

≠b. 这双鞋已经太小了。

（3）a. 这个办法最好了。

≠b. 这个办法已经最好了。

这主要是因为如前问题 2 和问题 5 所述，句末"了"本身兼有体标记功能和语气功能，可以称为"兼有实现体标记功能的语气词"。"已经"是具有"实现体"标记功能的时间副词，其所表现出来的强调语气，只是其作为右向的时间副词所附带产生的。因此，句末"了"的"实现体"标记功能可以淡化，但"已经"的"实现体"标记功能是不可能淡化的。

例（1a）（2a）（3a）中的句末"了"甚至可以省略或替换为其他语气词，而基本语义不受影响：

（4）这出戏可好（哇）！

（5）这双鞋太小（呀）！

（6）这个办法最好（啊）！

由此可见，例（1a）（2a）（3a）中的句末"了"与"树叶红了""这双鞋已经太小了"等句子中的句末"了"还是有明显差别的，后者的"实现体"标记功能是明显的，因而是无法被省略的。

"可好了 / 太小了 / 最好了"中的"了"作为一个比较纯粹的表"申明"的语气词，主要申明这样一个事实：所指事物（存在的事物）在某些特征上超出了言者的预期（某个标准），而这种预期是基于对同类事物之间的比较而来的。

由此可见，在"程度副词 / 语气副词＋形容词＋了"句式中，句末"了"有可能是纯表"申明"语气的，相当于一个比较纯粹的语气词，其"实现体"标记功能已经淡化了。

需要说明的是，不是所有的"程度副词 / 语气副词＋形容词＋了"中的句末"了"都纯表"申明"语气。很多情况下（副词多为"很""非常""够"等时），"程度副词 / 语气副词＋形容词＋了"句式中的"了"仍然是兼有"实现体"标记功

能的句末语气词。例如:

（7）她这学期的成绩很好了!

（8）他的实践经验够丰富了。

例（7）（8）都强调了一种变化，并且可以在句中添加"已经"，添加后句子的语义基本保持不变:

（9）她这学期的成绩已经很好了!

（10）他的实践经验已经够丰富了。

17. 如何理解"罢了/得了/对了/好了/算了/行了"?

"罢了""得了""对了""好了""算了""行了"都已经词汇化，即它们本身的意义已经凝固，需要整体理解。

根据《现代汉语词典》（第7版）的释义，"罢了"是助词，用在陈述句的末尾，表示"仅此而已"，常跟"不过、无非、只是"等词前后呼应:别当真，我只是开个玩笑罢了 | 这不算什么，我不过尽了我的职责罢了。

"得了"有两个义项:

[1][动]表示制止或同意:得了，别再说了 | 得了，就按你说的办吧!

[2][助]用于陈述句，表示肯定，有加强语气的作用:你走得了，不用挂念家里的事 | 你要喜欢，就给你得了。

"对了"是动词，有两个义项:

[1]表示同意:对了，就这么办。

[2]表示突然想起某事:对了，还有件事得跟你说 | 对了，别忘了吃药。

"好了"有三个义项:

[1][动]用在句首，表示结束或制止:好了，今天就谈到这里 | 好了，别再吵了!

[2][助]用在句末，表示安抚对方的语气:没问题，你放心好了 | 有问题尽管提好了。

〔3〕〔助〕用在句末，表示听凭，不在乎：他一定要去，就让他去好了｜让他告去好了，我不怕！

"算了"有两个义项：

〔1〕〔动〕作罢；不再计较：他不愿意就算了吧｜他不甘心，难道就这样算了不成？

〔2〕〔助〕用在句末，表示祈使、终止等语气：别等了，早点儿去算了｜今天干不完，就干到这里算了。

"行了"是动词，表示结束或制止：行了，没事就先回去吧｜行了，行了，别说了。

值得注意的是，词汇化了的"罢了""得了""对了""好了""算了""行了"中的"了"原本属于句末"了"。而"得 / 对 / 好 / 算 + 词尾'了'"的形式均未成词，可以理解为动词"得""算"或者形容词"对""好"后加了一个"实现体"标记词尾"了"。例如：

（1）这次考试，小明得了一百分。

（2）他算了一笔账。

（3）这些题，你只对了一题。

（4）他俩好了一辈子。

18.　如何理解"什么花了草了他都喜欢"中的"了"？

"什么花了草了他都喜欢"中的"了"可以看作是表列举的助词，跟前面提到的表"实现"意义的词尾"了"以及旨在申明一种新情况、新信息的句末"了"都没有任何关系。

"了"表列举的用法用得并不多。表列举更多的是使用"啊"。例如：

（1）书啊，报啊，杂志啊，摆满了一书桌。

（2）笔啊，纸啊，墨啊，都准备好了，就等他动手画了。

也可使用"啦"（即"了 + 啊"）表示列举。例如：

（3）你没钱，他也没有钱，都指着什么做小买卖儿啦，什么拉洋车的啦，拉排子车的啦，都是干这个的。

（4）什么抽象啦、主观啦、变形啦，什么装置啦、行为啦，似乎越空洞越好，但我就喜欢实在的。

本书所讨论的"了"都不是这种用于列举的"了"。

第二部分　联系与区别

19. "他昨天来了"和"他昨天来过"有什么区别?

"他昨天来了"中的"了"表示"实现",兼表"申明"语气。"他昨天来过"中的"过"表示"经历"。"他昨天来了"是指"他来"这件事实现了(即成为事实)并作为一种新情况继续存在(现在他还在这儿),除非有后续句说明他又已经离开了。例如:

(1)他昨天来了,我今天陪他出去转转。("他"还在这儿)

(2)他昨天来了,今天一早又离开了。("他"不在这儿了)

"他昨天来过"是指"他来"这事发生过但不复存在(即现在他不在这儿)。

我们接着再来看与此相关的另外两个句子"他昨天来过了"和"他昨天刚来"的意思。"他昨天来过了"是一种"实现〔经历〕"("实现体"包蕴"经历体")的复合态,虽然也是指发生过而不复存在,但是言者将这种发生过的事情作为一种新情况、新信息告诉听者(即这样的经历是一个事实),强调发生过的事情对现在的影响。"他昨天刚来"则需要后续句来帮助判断它是实现还是经历,优势选择是实现。例如:

(3)他昨天刚来,对这儿的生活还不太适应。

(4)他昨天刚来,今天不会再来了。

我们根据后续句可以判断,"他昨天刚来"在例(1)中表示实现,在例(2)中则表示经历,意思接近"他昨天刚来过",也有可能表示"实现〔经历〕",意思接近"他昨天刚来过了"。

总之,如果言者认为已经实现的动作行为可能是听者不知道的一种新情况、新信息，将其告知听者（跟绝对的时间参照点——说话时 "现在" 存在一定的联系，对现在有一定的影响），那么使用句末 "了"；如果言者只是将实现的动作行为作为一种不复存在的经历而告知听者，那么使用 "过"。"过" 和 "了" 二者可以共现，构成复合态，最外围的 "了" 决定了整个句子的体（"实现体"）和 "申明" 语气，强调发生过的事件对现在的影响（也是认为听者可能不知道，向听者传递这么一种新情况、新信息）。

20.   "这本小说我读了三遍" 和 "这本小说我读过三遍" 有什么区别？

"这本小说我读了三遍" 和 "这本小说我读过三遍" 两个句子所体现的体意义是不同的，前者表示 "实现"，后者表示 "经历"。尽管这两个句子的体意义不同，但这两个句子的逻辑真值语义（基本语义）却又是一致的，即都表示动作行为已经完成。原因有以下几点：

第一，以 "V（了）+ 时量 / 动量 / 物量" 作为后结句，又无其他特殊说明，这就保证了言者把动作实际持续的时间、次数，或者动作支配的物体数量，看作一个总量。例如：

（1）他下午睡了两个小时。（没有继续睡）

（2）这本书我看了三天。（已看完或者没有继续看下去）

（3）这段路我们走了四十分钟。（已走完）

（4）这篇课文我念了三遍。（没有念第四遍）

（5）这出戏我只看了一半。（没有继续看下去）

需要注意的是，例（1）～（5）表示动作行为实现的同时，所具有的 "完成" 义虽然与词尾 "了" 有关，但并非词尾 "了" 本身带来的，而是在 "V（了）+ 时量 / 动量 / 物量" 作为后结句，又无其他特殊说明这么一个语言环境下产生的，其中 "时量 / 动量 / 物量" 是具有封闭动作行为、指示动作行为终止的作用的。否则就很难解释为什么例（6）～（10）中虽然也有词尾"了"，但句子却没有动作行为已经完成、终止的意思。

（6）他下午睡了两个小时了。（很可能还在继续睡）

（7）这本书我看了三天才看了一半。（很可能还会接着看）

（8）这段路我们走了四十分钟，还剩下两千米要走。（没有走完）

（9）这篇课文我念了三遍，还要再念一遍。（还要继续念第四遍）

（10）这出戏我看了一半了。（很可能还会接着看）

第二，过去实现了的动作行为，如果已经终止，不再延续，也可以将它视为一种经历，而经历过的事情，也是过去实现并已终止了的事情。

21. 句末"了"和"啦"有什么区别？

"啦"位于句子的末尾，一般认为，是句末"了"和"啊"的合音，因而兼有句末"了"和"啊"的作用。例如：

（1）二组跟咱们挑战啦！（啦＝了＋啊）

（2）他真来啦？（啦＝了＋啊）

根据前述（参见问题2），句末"了"是兼有"实现体"标记功能的句末语气词，既具有"实现体"标记功能，同时又具有"申明"（申明一种新情况、新信息）的语气功能。当然，在疑问句中，句末"了"的"申明"语气功能弱化，主要体现的是其"实现体"标记功能，以及作为句末语气词所体现出来的实时交互性和现时相关性。整个句子的疑问语气由语调或其他疑问语气词决定（参见问题11、12）。

语气词"啊"，它可以出现在各种句类中。我们认为，"啊"的功能就是在实时互动的过程中起到语气"放大器"的作用，即"啊"所在的句子要传达什么样的语气，它就能将这种语气放大（这与"啊"的开口度最大，发音最响亮有关）。因此，"啊"可以跟任何语气成分匹配且处于句子的最外层。比如，在特殊疑问句"他到底是哪儿人呢啊？"（"呢啊"也写作"哪"）中的"啊"强化了疑问语气,在祈使句"你就帮我这一次吧啊!"("吧啊"也写作"罢")中的"啊"强化了祈使语气,在陈述句"我终于想起来了啊!"("了啊"一般写作"啦")中的"啊"强化了陈述语气(一般称之为"感叹")。显然,"啊"的语气"放大器"作用强化了言语的实时交互性,因此,"啊"所在的句子一定是一个强交流句。我们在最为典型的书面语体(政论文和科技论文)中几乎没有发现使用"啊"的例子。事实上,所有的句末语气词(包括句末"了""啊""啦"等)都具有实时交互性,都极少在典型的书面语体中使用。

综上,"了"和"啦"均具有"实现体"标记功能,它们的差别主要在于语气的强弱。在陈述句中,相对于句末"了"而言,"啦"(即"了+啊")具有更加强烈的"申明"语气。在疑问句中,句末"了"的"申明"语气功能弱化,主要体现的是其"实现体"标记功能,以及作为句末语气词所体现出来的实时交互性和现时相关性;而"啦"由于包含"啊"的语气"放大器"的功能,在兼具"实现体"标记功能的同时又放大了整个句子的实时交互性和疑问语气。

22. "我买了词典"和"我买词典了"
"我买了词典了"有什么区别?

首先,"我买了词典""我买词典了"与"我买了词典了"三个句子基本语义(即逻辑真值语义)一致,但"我买了词典"(此句没有句末"了")和"我买词典了""我买了词典了"(这两个句子有句末"了")在语用意义上具有一定的差别。这种差别跟句末"了"具有"申明"语气功能及其带来的现时相关性有关。

根据前述(参见问题2),句末"了"是兼有"实现体"标记功能的句末语气词。因此,位于句末的"了"既具有"了"的"实现体"标记功能,同时又具有语气词的功能。根据刘勋宁(1985、1990)的研究,"了"具有的语气功能主要是:用于"陈述句"后表示"申明"语气,即对事实的肯定的语气。语气词的使用,"关涉到对话双方的关系和说话人对所涉及事物的主观态度"(刘勋宁,

1990），句末"了"具有"申明"语气的功能，表明言者认为其所言对听者来说是一个新信息、新情况，即句末"了"的作用就在于申明这种新信息、新情况。这里的"新信息、新情况"是指：言者认为其所叙述的这件事，对听者而言很可能是听后才获知的一个事实，而与这件事实际发生的时间远近无关。向听者申明这种新信息、新情况，实际上就是一种现时相关性。所谓的"现时相关性"是从实现了的事件与现在（即言语情景）的特定联系或对现在所产生的影响这个角度来考虑的。就是说，不管事件是在过去、现在还是在将来实现，也不管事件发生时间的远近，句末"了"的存在使得实现了的事件与言语情景发生了某种联系或对其产生了某种影响。比如"他十年前就来上海了"这样的句子，我们认为，其"实现体"的参考时间还是句子中给出的"十年前"，属于"过去的实现"。但由于句末"了"的"现时相关性"与现在（言语情景）发生了某种联系，在不同的语境中，"他十年前就来上海了"可能传达出"他来上海已经很久了""他对上海很熟悉了"等各种与现在有联系或对现在产生影响的暗含信息，并且，如果没有后续说明，"他在上海"这一行为还将持续下去。

孟子敏（2005）曾提出"交流句"和"非交流句"的概念，认为非交流句不用语气助词（即句末语气词），交流句可以使用语气助词。据此，有句末"了"的句子必是"交流句"，因而与言语情景发生联系也是必然的事情。例如：

（1）我刚才吃下两个馒头了。（过去时）

（2）他去美国读书了。（现在时）

（3）他明天的这个时候就走了。（将来时）

例（1）在不同的语境中可能隐含的意思有：我现在胃口大了，我现在差不多饱了，现在不饿了，现在馒头已经少了两个，现在该你吃了，等等。例（2）在不同的语境中可能隐含的意思有：他现在不在家，他暂时是不会回来了，他现在很有出息，你现在不可能见到他，你现在当然联系不上他，等等。例（3）在不同的语境中可能隐含的意思有：现在多陪陪他，该和他聚一下，该帮他收拾一下行李，时间过得很快，所以现在我很伤感，等等。因此，句末"了"的现时相关性最通俗的理解便是指它"往往包含某种提示性信息。暗示动作对现在的影响"（陈忠，2006：559）。根据吕叔湘（1956：222）的说法，所谓的"现在"，就是"说话的这个时候",所包括的时间也许有时长些有时短些,但必定包含说话的这一刻在内,也就是说,"现在"是指"说话的此刻"或"包含说话的这一刻在内"的时段。

那么同样,"我买词典了"与"我买了词典了",相对于"我买了词典"而言,因句末"了"的"申明"语气,从而具有了交流句的功能,也具有了现时相关性,即与言语情景发生了某种联系或对其产生了某种影响,在不同的语境中可能传达出"我现在有词典了""你不必再为我买词典了""我没有乱花钱买别的东西"等各种与现在有联系或对现在产生影响的暗含信息。而"我买了词典"缺少了这么一种"申明"语气,从而缺乏现时相关性,只是相对单纯地陈述这么一个事实。

至于"我买词典了"与"我买了词典了",我们认为二者在基本语义上几乎没有差别。这就涉及词尾"了"的羡余问题了。

根据前述(参见问题2),词尾"了"、句末"了"在体标记功能上存在共性,都具有"实现体"的标记功能。其中,句末"了"是兼有体标记功能的句末语气词。因此,从功能上来看,句末"了"的功能蕴含了词尾"了"的体标记功能,二者在"实现体"标记功能上是重合的。我们在前面(问题9)已经提到,根据孟子敏(2007)的统计,在口语中,尽管词尾"了"、句末"了"都是不可缺少的表达成分,但句末"了"的出现频率明显高于词尾"了"。显然,这个结果跟句末"了"的功能蕴含了词尾"了"的体标记功能有一定的关系。很多时候,句子中的词尾"了"可以因为句末"了"的存在而省略,并不影响句子基本语义的表达。例如:

(4)a. 小李报了名了。

　　=b. 小李报名了。

(5)a. 老何有了对象了。

　　=b. 老何有对象了。

(6)a. 大会结束了好几天了。

　　=b. 大会结束好几天了。

(7)a. 我明白了它的两层含义了。

　　＝b. 我明白它的两层含义了。

（8）a. 我朗读了三遍了。

　　＝b. 我朗读三遍了。

（9）a. 我在北京住了半个月了。

　　＝b. 我在北京住半个月了。

（10）a. 这本书我看了一半了。

　　＝b. 这本书我看一半了。

（11）a. 他睡了一个钟头了。

　　＝b. 他睡一个钟头了。

　　在我们的调查中，有些人认为例（4）～（11）中有个别例子略去词尾"了"似乎不太合语感，但也有人认为有些例子略去词尾"了"比保留词尾"了"的句子更自然些，且每个人的语感也似乎不尽相同。我们认为，个别例子不太合语感并不是因为词尾"了"的体标记功能缺失造成的（词尾"了"的体标记功能已经由句末"了"蕴含、承担了），而可能是语感上各人的主观倾向性不同使然，亦可能受方言习惯影响或者其他因素所致，如动词的及物性、动词的音节、动宾或动补短语内部成分结合的紧密程度、说话语气的缓急、对事实的强调与否等等。由于这些因素表现出来的又都是一种语用上的倾向，如果想在某一个层面上找到清晰的规则，似乎不太可能。因此，这种对句子合不合语感的判断有时也并不是语义因素所决定的，应该不影响我们所得出的结论，即从语义上来看，这些跟词尾"了"的体标记功能都是羡余的，因而它们的省略并不会影响句子的基本语义。

　　不过，要使"VO 了"结构与"V 了 O 了"结构在意义上无差别，必须满足以下三个条件中的一个：

　　一是谓词 V 为［－持续性］动词，"VO 了"结构与"V 了 O 了"结构或者都表示"某种动作行为过程已经结束完成"，如"我买词典了／我买了词典了"，又如上文例（4）；或者都表示"某种性状从无到有的实现"，如例（5）；或者都表示"处于某种性状中"，如例（6）、例（7）。

二是谓词 V 为 [+ 持续性] 动词，且宾语 O 为 [+ 顺序义] 名词语①，"VO 了"结构与 "V 了 O 了"结构都只表示 "动作行为过程阶段性的实现"，如例（8）～（11）。（关于这一点的深入讨论，还可以参见后面的问题 26。）

三是谓词 V 为形容词（这种情况很少），"VO 了"结构与 "V 了 O 了"结构都只表示 "处于某种性状中"，如 "山上的枫叶红一大片了 / 山上的枫叶红了一大片了"。

也就是说，倘若符合上述三个条件中的任何一个条件，那么 "V 了 O 了"结构中的词尾 "了"就是羡余成分。

然而，当谓词 V 为 [+ 持续性] 动作动词，同时，无宾语或宾语 O 为 [– 顺序义] 名词语时，谓词后的词尾 "了"是不能因为有句末 "了"而自由省略的，否则有可能会影响句子的语义。（关于这一点，可以参见后面的问题 23。）

23. "我吃饭了"和"我吃了饭了"有什么区别？

根据前述（参见问题 7）"我吃饭了"具有多义性：一是表示 "吃饭"这一行为的结束，即整个行为过程的实现，如 "我吃饭了，现在就跟你一起出发吧"；二是表示开始 "吃饭"，即 "吃饭"这一行为过程从无到有的实现，如 "我吃饭了，你们也快过来一起吃吧"。而 "我吃了饭了"不具有多义性，它只表示 "吃饭"整个行为过程的实现，不能表示 "吃饭"这一行为过程从无到有的实现。例如：

（1）我吃了饭了，现在就跟你一起出发吧。

（2）*我吃了饭了，你们也快过来一起吃吧。

尽管句末 "了"的功能蕴含了词尾 "了"的体标记功能，很多时候句子中的词尾 "了"可以因为句末 "了"的存在而省略，比如 "小李报名了"与 "小李报了名了"的基本语义是一致的（参见问题 22），但是，并不是所有的词

---

① 名词语是 "名词性词语"的缩略语，包括名词、代名词和名词性短语等语法语汇单位。

尾"了"都可以因为有句末"了"而自由省略且保持句子基本语义不变的。例如：

（3）a. 我吃了饭了。

　　　＝b. 我吃饭了。（再吃就要撑着了。）

　　　≠c. 我吃饭了。（吃完我就过来。）

（4）a. 他做了作业了。

　　　＝b. 他做作业了。（你就让他出去玩儿玩儿吧。）

　　　≠c. 他做作业了。（咱不要进去打扰他。）

在没有一定语境的情况下，例（3a）（4a）表义是明确的，均表示动作行为过程已经结束。而当它们省略了词尾"了"，在表义上便都存在两种可能性：一是表示动作行为过程已经结束，如（3b）（4b）；二是表示已经处于某种动作行为过程中，如（3c）（4c）。

那么类似"我吃饭了""我做作业了"与"我吃了饭了""我做了作业了"之间在表义上的差别又是怎样产生的呢？从表面上看，它们之间在形式上的差别只是词尾"了"的有无。下面对此做出解释。

根据前述（参见问题6），词尾"了"和句末"了"作为"实现体"标记，表示动作行为或性状的实现（成为事实）。"实现"作为一种事实的存在，有可能是：1. 整个动作行为过程的实现，即说明某种动作行为过程已经结束，如"他打电话叫了一辆车""票我已经买了"；2. 动作行为过程或性状从无到有的实现，即说明动作行为或性状的起始，如"会场上响起了热烈的掌声""外面刮风了"；3. 动作行为过程阶段性的实现或处于某种性状中，即动作行为或性状的持续，如"他已经睡了两个钟头还在睡""这活儿我干了半天还没干完"。其中2、3又可归为一类，说明已经处于某种动作行为过程或性状中。

因此，当谓词 V 为［＋持续性］动作动词，无宾语或宾语 O 为［－顺序义］名词语时，"V（O）了"结构在未进入一定的语境时，实际上都是一个多义结构，都有"某种动作行为过程已经结束"或"已经处于某种动作行为过程或性状中"两种可能，如前所举的例子"我吃饭了""他做作业了"。而同样当谓词 V 为［＋持续性］动作动词，无宾语或者宾语 O 为［－顺序义］名词语时，"V 了 O 了"

结构只表示 "某种动作行为过程已经结束", 如前所举的例子 "我吃了饭了""他做了作业了"。

当然, 不是所有的 "V (O) 了" 结构都是一个多义结构, 也不是所有的 "V 了 O 了" 结构都只表示 "某种动作行为过程已经结束"。"VO 了" 结构与 "V 了 O 了" 结构在格式义上很可能是一致的, 关于它们意义无差别的条件可以参见问题 22 以及下面的问题 24。

24. "这本小说我读了三天了" 和 "这本小说我读了三天""这本小说我读三天了" 有什么区别?

先看 "这本小说我读了三天了" 和 "这本小说我读了三天" 的区别。这个问题仍然涉及句末 "了" 的现时相关性及其对语义或语用义的影响 (参见问题 9、10、22)。

首先, 我们来看句末 "了" 的隐现对语义的影响。先看下面两组例子:

(1) a. 这本小说我读了三天。(已读完)

　　b. 这本小说我读了三天了。(还没读完)

(2) a. 这段路我们走了四十分钟。(已走完)

　　b. 这段路我们走了四十分钟了。(还没走完)

一般认为, 例 (1a)(2a) 表示整个动作行为过程的实现, 即动作行为已经终止, 具有 "完成" 义; 例 (1b)(2b) 表示动作行为过程阶段性的实现或处于某种性状中, 即动作行为还将持续。

现在的问题是, 例 (1a)(2a) 的 "完成" 义到底是怎么来的? 对此, 刘勋宁 (1988) 做过解释: 就 "这本书我看了三天" 来说, 最重要的是它把动作对象提到了大主语的位置上, 强调了动作对象与动作的关系。"V (了) + T" 后结句, 又无其他特殊说明, 这就保证了我们把动作的实际持续时间看作一个总量, 把动作过程与动作对象的完成视为一致, 从而认为动作和书都完成了。作者认为, "这本书我看了三天"这句话，字面上告诉我们的只是实际发生的动作及其时间量，所具有的"看完"的意思是由字面以外的东西告诉我们的，是在特定的语言环境下产生的。

"完成"的意义是否跟动作对象提到了大主语的位置上有直接的关系，目前，我们还无法求证，因为在"他下午睡了两个小时"这样谓词为不及物动词的句子中，不存在动作对象提前的问题，但同样也是表示"睡完"了。不过，作者所认为的"'V（了）+ T'后结句，又无其他特殊说明，这就保证了我们把动作的实际持续时间看作一个总量"，是有道理的，也可以用来解释"他下午睡了两个小时"是"睡完"了。我们把"T"（时量）替换成动量或物量（部分量），也都是如此。例如：

（3）这篇课文我念了三遍。（没有念第四遍）

（4）这出戏我只看了一半。（没有继续看下去）

设想一下，如果例（1a）（2a）（3）（4）所表示的"完成"义是由词尾"了"本身带来的，那么同样有词尾"了"的句子，如例（1b）（2b）为什么不表示"看完""走完"的意思呢？又如：

（5）这本书我看了三天才看了一半。

（6）这段路我们走了四十分钟，还剩下两千米要走。

例（5）（6）同样有词尾"了"，但也不具有"看完""走完"之意。这样看来，例（1a）（2a）（3）（4）在表示动作行为实现的同时，所具有的"完成"义虽然与词尾"了"有关，但并非是词尾"了"本身带来的，而确实是在"'V（了）+ T'后结句，又无其他特殊说明"这么一个语言环境下产生的（T还可以推广到动量或物量），其中的"T""具有封闭行为、指示行为终止的作用"（金立鑫，2002），其中的词尾"了"仍只是表示动作行为的实现。

而例（1b）（2b）之所以会有动作行为"未完成"（"持续"）之义，与句末"了"有关，但这也不是句末"了"本身的体标记功能带来的。从体标记功能来看，句末"了"跟词尾"了"一样，也是表示动作行为由无到有、阶段性或者全程的实现。例（1b）（2b）动作行为"未完成"之义跟句末"了"的现时相关性有关。

接下来, 我们继续讨论句末 "了" 的现时相关性及其对句子语义的影响。

根据前述 (参见问题 22), 所谓的 "现时相关性" 是从实现了的事件与现在 (即言语情景) 所产生的特定联系或对现在的影响这个角度来考虑的。就是说, 不管事件是在过去、现在还是将来实现, 句末 "了" 的存在使得实现了的事件与言语情景发生了某种联系或对其产生了某种影响。

句子被赋予 "现时相关性" 会出现如下直接结果: 当句末 "了" 前面的名词语具有 [＋顺序义] (即这个名词语可以和其他相关的词语构成一个序列), 且这个名词语自身又非 "终结点" 时, 如果后边没有特别说明动作行为中止, 则句子反映的是动作行为的阶段性实现, 且动作行为还将继续进行。这正是前例 (1b) (2b) 之所以会有 "动作未完成" 之义的原因。又如:

(7) 我在上海工作了两年了。

(8) 地铁开到了徐家汇站了。

(9) 我读了三页了。

(10) 我吃了两碗米饭了。

(11) 天气晴了三天了。

例 (7) ～ (11) 句末 "了" 前面的名词语 "两年" "徐家汇站" "三页" "两碗" "三天" 可以与相关的词语分别构成如下序列:

一年、两年、三年、四年……

……漕宝路站、上海体育馆站、徐家汇站、衡山路站……

一页、两页、三页、四页……

一碗、两碗、三碗、四碗……

一天、两天、三天、四天……

并且, "两年" "徐家汇站" "三页" "两碗" "三天" 本身并非各自所属序列中的 "终结点", 因而在句末 "了" 后无特殊说明动作行为中止时, 句子所反映的动作行为还将继续进行。

由此可见, 前例 (1b) (2b) 和例 (7) ～ (11) 所具有的动作行为 "未完成" 之义, 同样也是实时互动的语境带来的, 与句末 "了" 的现时相关性有关, 但并非句末 "了" 本身的体标记功能带来的。

　　刘勋宁（1988）解释了"这本书我看了三天了"为什么会表示"还没看完"，他认为：数量本来就是连续的，代表它们的词自然组成连续的链。由于带"了"后所指示的数量位置只是整个链条上的一个点，所以它可以延伸，也可以中止。因此，就"看了三天了"这句话说，它给我们的只是动作已有的时间量，动作本身是否结束并没有说明。不过，已有动作的中止是需要特别说明的，所以在没有说明的情况下，认为动作还将继续进行。既然动作还将继续，那么动作的对象也就不会完成。所以说，"这本书我看了三天了"，意思是我还没看完，这个"还没看完"也是字面以外的东西告诉我们的。

　　尽管刘勋宁只是解释了句末"了"前是数量词语的情况，但他的观点与我们的上述观点还是基本一致的。

　　再看下面的例子：

　　（12）这本书我看了三天了，不想看下去了。（同：这本书我看了三天。）

　　（13）我在这儿工作了十几年了，现在要离开还真舍不得。（同：我在这儿工作了十几年。）

　　（14）火车开到了终点站了。（同：火车开到了终点站。）

　　（15）我做完了作业了。（同：我做完了作业。）

　　例（12）～（15）正是说明，即使有句末"了"，但语境改变，句义也有可能表示整个动作行为的结束。在例（12）（13）中，句末"了"后有动作行为中止的说明；例（14）的"终点站"是动作行为的终结点；例（15）"作业"为［−顺序义］名词，表示动作对象的整体，且动词后的补语成分"完"表示动作对象的完成，而动作对象整体的完成也便是整个动作行为的完成。

　　再看"这本小说我读了三天了"和"这本小说我读三天了"是否存在区别。事实上，"这本小说我读三天了"和"这本小说我读了三天了"这两个句子的基本语义是一致的。

　　这个问题涉及词尾"了"的羡余问题，即句末"了"的功能蕴含了词尾"了"的体标记功能，从而使词尾"了"成了羡余成分。

　　根据前述（参见问题23），当谓词 V 为［＋持续性］动作动词，无宾语或宾语 O 为［−顺序义］名词语时，"V（O）了"结构在未进入一定的语境时，实际上都是一个多义结构，都有"某种动作行为过程已经结束"或"已经处于某种动作行为过程或性状中"两种可能，如前所举的例子"我吃饭了""他做作业了"。而同样当谓词 V 为［＋持续性］动作动词，无宾语或宾语 O 为［－顺序义］名词语时，"V 了 O 了"结构则只表示"某种动作行为过程已经结束"，如前所举的例子"我吃了饭了""他做了作业了"。

但是，不是所有的"V（O）了"结构都是一个多义结构，也不是所有的"V 了 O 了"结构只表示"某种动作行为过程已经结束完成"。根据前述（参见第 22 个问题），"VO 了"结构与"V 了 O 了"结构在格式义上很可能是一致的。它们意义无差别的条件是：

第一，谓词 V 为［－持续性］动词。例如：

（16）a. 我买词典了。

　　　＝b. 我买了词典了。

（17）a. 我知道这件事了。

　　　＝b. 我知道了这件事了。

第二，谓词 V 为［＋持续性］动词，且宾语 O 为［＋顺序义］名词语。例如：

（18）a. 这篇文章我读一半了。

　　　＝b. 这篇文章我读了一半了。

（19）a. 我在上海住两年了。

　　　＝b. 我在上海住了两年了。

第三，谓词 V 为形容词。例如：

（20）a. 山上的枫叶红一大片了。

　　　＝b. 山上的枫叶红了一大片了。

同样，"这本小说我读三天了"和"这本小说我读了三天了"的基本语义一致正是因为符合了第二个条件，即当谓词 V 为［＋持续性］动词，且宾语 O 为［＋顺序义］名词语时，"VO 了"结构和"V 了 O 了"结构则都只表示"动作行为过程阶段性的实现"（即"处于某种动作行为过程中"）。

这样看来，类似"我吃饭了"和"我吃了饭了"在意义上的差别，虽然与词尾"了"的隐现有关，但并非是词尾"了"本身带来的，而是两种不同的结构在特定的条件下带来的。不过，考虑到在一定的语境中，即使像"我吃饭了"这样的"VO 了"结构也还是能够消除歧义的，因此，可以认为"V 了 O 了"结构中的词尾"了"，其"实现体"标记功能是羡余的。当然，其中的词尾"了"隐现会带来一些语用上的差别，影响到成分之间结构关系的紧密程度、界限的强弱程度，以及语气的轻重、缓急等。

25.　"这本小说我已经读了三天"和"这本小说我读了三天"有什么区别？

根据前述（参见第 24 个问题），"这本小说我读了三天"，如果没有后续特殊的说明，表示我已经读完或者没再继续读下去了，即"读这本小说"这一行为已经终止。

至于"这本小说我已经读了三天"的意义几乎与"这本小说我读了三天了"相同，如果没有后续特殊说明，则表示我还没有读完，即"读这本小说"这一行为过程只是阶段性的实现，还将继续下去。

为什么"这本小说我已经读了三天"和"这本小说我读了三天"这两个句子只是"已经"隐现的差别，意义上却有差别呢？这个问题与"已经"所体现出来的类似于句末"了"的现时相关性有关。

一般认为，"已经"（包括　其简式"已"）是具有"实现体"标记功能的时间副词。根据前述，所谓的"实现体"，是指相对于某个参照时间来说，句子所表达的事件处于已经实现的状态。陆俭明、马真（1999）将"已经"归为"已然态"，他们对"已然态"的定义是："表示某行为动作或情况在说话之前，或者在某一特定时间之前，或者在另一行为动作或情况之前进行、完成或发生、存在了。"不难发现，所谓的"已然态"与我们对"实现体"的定义具有一致的内核。也因此，学者多将"已经"和"了"放在一起，来研究它们组配同现的时体意义。即使不从时体角度考察，而从"界限"特征角度考察，也是认为"'已经'都与'了'相容，二者无条件同现，构成'已经……了'结构"（陈忠，2006：439）。

　　既然 "已经" 与 "了" 都具有 "实现体" 标记功能，那么从理论上讲，当 "已经" 与 "了" 组配在一起的时候，会出现体标记功能的羡余，彼此因为另一方的存在而省略并不影响句子体意义的表达。但事实上，一个句子倘若只有词尾 "了" 而没有句末 "了"，那么 "已经" 的隐现会在语义或语用上对句子产生影响。

　　"已经" 和词尾 "了"、句末 "了" 虽然同为 "实现体" 标记词，但它们的句法位置不同。"已经" 是时间副词，处于谓词前位，它通过右向作用于整个谓语部分来完成对事件状态的标记；词尾 "了" 是表体助词，处于谓词末位，它直接作用于谓词来完成对事件状态的标记；句末 "了" 是兼有体标记功能的语气词，处于句子末位，它通过作用于整个句子来完成对事件状态的标记。三者位置不同，语法化程度不一，功能并不完全一致。根据前述，作为表体助词的词尾 "了" 是功能比较单纯的体标记，其虚化程度最高。句末 "了" 与词尾 "了" "之间有一部分是同源的"：当词尾 "了" 位于句末，与近代白话表申述语气的句末语气词 "也" 融合之后，形成了专门用以申述事实的语气词 "了"，即 "了也" 合音是今天句末语气词 "了" 的来源（刘勋宁，1990；孟子敏，2005）。因此，句末 "了" 是兼有 "实现体" 标记功能的句末语气词。

　　根据前述（参见问题 24），句末 "了" 具有 "申明" 的语气功能，从而具有了 "现时相关性"；时间副词 "已经" 附带强调的语气功能[①]，而句子一旦被赋予强调的语气，即表明言者认为，对听者来说，这是一个新信息、新情况。而报道、申明这种新信息、新情况，实际上也具备了类似句末 "了" 的 "现时相关性"。句子被赋予 "现时相关性" 会出现如下直接结果：当动词后的名词语具有 [＋顺序义]（即这个名词语可以和其他相关的词语构成一个序列），且这个名词语自身又非 "终结点" 时，如果后边没有特别说明动作行为中止时，句子反映的是动作行为阶段性实现，还将继续进行。试比较：

[①]　参见杨永龙（2002）。杨文认为：现代汉语中，"已经＋时量（时段）" 表示时间延续的长度，可用于强调时间很长，如 "已经三年｜已经十个月｜已经三小时｜已经一小时二十分"；"已经＋时位（时点）" 表示时间所处的位置，可用于强调时间很晚，如 "已经三岁｜已经十月份｜已经三点钟｜已经一点二十分"。我们赞同这一观点。该文所说的 "强调" 语气，正是由 "已经" 传达出来的。

（1）a. 这本小说我已经读了三天。（还没读完）

　　＝b. 这本小说我读了三天了。（还没读完）

　　≠c. 这本小说我读了三天。（已读完）

（2）a. 我在上海已经工作了两年。（在上海的工作还未终止）

　　＝b. 我在上海工作了两年了。（在上海的工作还未终止）

　　≠c. 我在上海工作了两年。（在上海的工作已经结束）

（3）a. 这段路我们已经走了四十分钟。（还没走完）

　　＝b. 这段路我们走了四十分钟了。（还没走完）

　　≠c. 这段路我们走了四十分钟。（已走完）

这样看来，当句中只有词尾"了"而没有句末"了"的时候，"已经"的隐现可能会改变句子的语义。不过，是否改变句子的语义也是有条件的。我们从以下几组句子来观察"已经"的隐现对句子语义的影响：

（4）a. 这本书我已经看了一半。

　　≠b. 这本书我看了一半。

（5）a. 我已经在北京住了两年。

　　≠b. 我在北京住了两年。

（6）a. 我已经到了你家楼下。

　　*b. 我到了你家楼下。

（7）a. 我已经吃完了饭。

　　*b. 我吃完了饭。

（8）a. 我国已经在全面建设小康社会道路上迈出了新的步伐。

　　＝b. 我国在全面建设小康社会道路上迈出了新的步伐。

（9）a. 上级部门已经批准了建设市政府政务大楼方案。

　　＝b. 上级部门批准了建设市政府政务大楼方案。

很显然，例（4a）（5a）与例（1a）（2a）（3a）相同，其中的"已经"省略后，句子的基本语义有所变化；例（6a）（7a）中的"已经"省略后，句子不能自足，可接受度较低；例（8a）（9a）中的"已经"省略后，没有影响句子的自足，句子的基本语义也没有变化。上述句子何以会出现这些差别呢？下面对此做出说明。

　　前面已经讲过，"已经" 是具有 "实现体" 标记功能的时间副词，它位于谓词前位，是通过右向作用于整个 VP 来完成对事件的时态表达的。作为 "右向" 成分，"已经" 附带有强调的语气功能。句子一旦被赋予强调的语气，即表明言者认为：对听者来说，这是一个新信息、新情况。而报道、申明这种新信息、新情况，实际上也就具备了一种类似于句末 "了" 的 "现时相关性"，即 "已经" 包含着某种提示性信息，暗示着动作行为对现在（言语情景）的影响。例（1）～（3）和例（4a）（5a）中动词后的 "三天" "两年" "四十分钟" "一半" 等都具有［＋顺序义］，且这个词语自身并非 "终结点"，在没有特别说明动作行为中止时，句子所反映的动作行为还将继续进行。如果缺少 "已经"，只是对实现了的动作行为加以说明，那么该动作行为是封闭的、终止了的。例（6a）（7a）出现在口语中，与言语情景的联系相当紧密，如果缺少 "已经"，在语气上似乎不完整，因而句子不能自足，可接受度较低。例（8a）（9a）出现在书面语中，句子与言语情景的联系可松可紧，并且，其中的 "迈出" "批准" 所反映的动作行为一定是封闭和终止了的，因此即使省略 "已经"，基本语义仍然一致，也不影响句子的自足。不过，例（8a）（9a）和（8b）（9b）在语气上还是有一些差别的，前者具有强调的语气，从而与言语情景具有更为紧密的联系。

　　因此，尽管 "已经＋词尾 '了'" 中 "已经" 的体标记功能羡余，但总的来看，"已经" 并不属于句中真正的羡余成分。

　　接下来，顺带讨论一下 "'已经'＋词尾 '了'" 中 "了" 的体标记功能羡余问题。按理来说，兼有强调功能的 "实现体" 标记 "已经" 的功能蕴含了词尾 "了" 的 "实现体" 标记功能，那么词尾 "了" 的体标记功能也是羡余的。我们观察一下词尾 "了" 的隐现对句子的影响：

（10）a. 这本书我已经看了一半。

　　　*b. 这本书我已经看一半。

（11）a. 我已经在北京住了两年。

　　　*b. 我已经在北京住两年。

（12）a. 我国已经在全面建设小康社会道路上迈出了新的步伐。

=b. 我国已经在全面建设小康社会道路上迈出新的步伐。

（13）a. 上级部门已经批准了建设市政府政务大楼方案。

=b. 上级部门已经批准建设市政府政务大楼方案。

例（10a）（11a）中的词尾"了"省略后，句子的基本语义没有改变，但句子的可接受度很低；例（12a）（13a）中省略词尾"了"后，可接受度仍然很高。这样看来，例（10b）（11b）的可接受度低不是因为词尾"了"的体标记功能缺失，而是其他因素造成的。

在体标记的选择使用上，人们倾向于使用那些紧贴动词、虚化程度更高的形式（如"着""了""过"）。因此，要表达"实现体"，词尾"了"的使用应该是一种常态。如果同时还需要强调、体现一种"现时相关性"，那么从理论上讲，在典型的书面语（非交流性语言）中，"'已经'+词尾'了'"应该是常态，在典型的口语（交流性语言）中，"词尾'了'+句末'了'"应该是常态。（参见问题9、10）不过，既然"已经"、句末"了"的基本功能都蕴含了词尾"了"的体标记功能，那么根据语言经济原则，词尾"了"是可以省略的。因而，如果要体现一种"现时相关性"，在典型的书面语中，"已经"独用应该是常态，在典型的口语中，句末"了"独用应该是常态。而这也正好符合我们对实际语料的统计结果。表25-1、表25-2是对一些典型的书面语文献和典型的口语文献中"已经"独用与句末"了"独用的次数统计（请同时参见问题9中的表9-1、表9-2）：

表25-1 典型的书面语文献中"已经"独用与句末"了"独用的次数

文献	"已经"独用	句末"了"独用
2004年—2012年《政府工作报告》（177,721字）	26	1
党的十六大—十八大报告（84,545字）	6	2
《人民日报》（1995-09-04）（81,066字）	78	45
科技论文（5篇）（45,715字）	51	1
总数（389,047字）	161	49

表 25-2　典型的口语文献中 "已经" 独用与句末 "了" 独用的次数

文献	"已经" 独用	句末 "了" 独用
话剧《茶馆》剧本（31,430 字）	6	234（90）①
话剧《西望长安》剧本（42,113 字）	20	247（28）
话剧《方珍珠》剧本（40,293 字）	14	339（76）
小品剧本（7 部）（19,861 字）	1	208（7）
相声《百吹图》剧本（3,567 字）	0	82（65）
总数（137,264 字）	41	1110（266）

①　句末 "了" 的出现次数包括 "啦"（即 "了 + 啊" 的合音）在内。括号内为 "啦" 的出现次数。

不过，我们发现，要保证 "已经" 独用并具有较高的可接受度，VP 至少需要符合以下两个条件中的一个：

第一，VP 本身具有［＋结果］或［＋趋向］的语义特征。比如例（12）（13）的 VP 分别是 "迈出" "批准"，句中省略了词尾 "了"，不影响句子的可接受度。这主要是因为这些具有［＋结果］或［＋趋向］语义特征的 VP 本身表现了一种状态，因而具备了一种类似于 "体" 的标记功能。杨国文（2001）也有基本相同的看法。杨文认为，动词与 "着（zháo）" "到" "见" "完" "过" 等这类补语结合构成的动补结构，包括与具有状态意义的一部分普通结果补语和趋向补语结合而构成的动补结构（如 "打翻" "拿出来"），可以单独使用 "已经"。"无明确结果"（指未使用具有状态意义的结果补语的情况）时，不能单独使用 "已经"，而是使用 "已经……了" 的搭配形式。

第二，V 为双音节动词。我们把可接受度较低的例（10b）（11b）中的单音节动词 "看" "住" 改为双音节动词 "阅读" "居住" 后，句子的可接受度明显提高。这个变化显然与节律有关。又如：

（14）a. 这条鲨鱼已经吞食两条小鱼。

　　　*b. 这条鲨鱼已经吃两条小鱼。

（15）a. 这篇课文我已经朗读三遍。

　　　*b. 这篇课文我已经念三遍。

正是因为"已经"单独使用有上述两个条件的限制，因而"'已经'＋词尾'了'"还会有一定数量的存在。

类似例（12a）（13a），以及例（14a）（15a）的句子可使用也可以不使用词尾"了"，但在用与不用之间，语用功能上也存在着细微的差别。张旺熹（1999：39-52）曾把"动补＋了"和"动补-了"结构，放在语篇中，从焦点、视点（包括"瞬时叙述"和"概括地静态叙述"）、语气连贯性等角度进行过比较研究，这里我们不再赘述。考虑到这些语用上的差异，我们认为，在这些"'已经'＋词尾'了'"的例子中，词尾"了"尽管在体标记功能上羡余了，但在句子中其功能并非完全羡余。

根据前述，"已经"是具有一定"强调"语气功能的时间副词，其辖域内的成分一定是句子的信息中心（语义焦点），否则不能使用"已经"，只能使用词尾"了"来标记"实现体"。例如：

（16）a. 你吃了饭过来一下。

　　　b.* 你已经吃了饭过来一下。

（17）a. 他上了大学后便开始沉迷于网络。

　　　b.* 他已经上了大学后便开始沉迷于网络。

（18）a. 明天你到了，我们都出发了！

　　　b.* 明天你已经到了，我们都出发了！

（19）a. 我的确是吃了饭再过来的。

　　　＝b. 我的确是已经吃了饭再过来的。

（20）a. 他是上了大学以后才开始沉迷网络的。

　　　＝b. 他是已经上了大学以后才开始沉迷网络的。

（21）a. 明天我们出发的时候，你一定到了！

　　　＝b. 明天我们出发的时候，你一定已经到了！

例（16）～（18）的 b 句不能使用"已经"，是因为其辖域内的成分不是句子的语义焦点；而例（19）～（21）的 b 句能够使用"已经"，是因为其辖域内的成分是句子的语义焦点。

26.　"这本小说我已经读了三天了"和"这本小说 我读了三天了""这本小说我已经 读了三天"有什么区别？

"这本小说我已经读了三天了"和"这本小说我读了三天了""这本小说我已经读了三天"这三个句子基本语义是一致的，只是"这本小说我已经读了三天了"这句话相对于"这本小说我读了三天了""这本小说我已经读了三天"这两个句子而言，其"申明"的语气相对更强一些。

事实上，"已经"与句末"了"共现，涉及它们之间的功能羡余问题。下面我们考察一下"已经"与句末"了"之间的共现与互隐对句子的影响。

首先，我们看"已经"的隐现对句子的影响。"已经"的隐现情况如下：

（1）a. 我已经写了回信了。

　　　＝b. 我写了回信了。

（2）a. 我昨天已经买了车票了。

　　　＝b. 我昨天买了车票了。

（3）a. 这篇课文我已经朗读三遍了。

　　　＝b. 这篇课文我朗读三遍了。

（4）a. 我已经在北京住了两年了。

　　　＝b. 我在北京住了两年了。

（5）a. 他昨天已经离开上海了。

　　　＝b. 他昨天离开上海了。

显然，例（1a）～（5a）中的"已经"省略后，没有影响句子的自足，句子的基本语义也没有变化，只是在语气上有一些细微的差别。"已经"附带强调的语气功能，句末"了"也兼有"申明"的语气功能。因此，"已经"和句末"了"共现，句末"了"单独出现，两者的差别就在于语气的强弱不同，共现时其"申明"的语气相对更强一些。

不过，"啦"（句末"了"+"啊"）也能起到增强语气的作用。因此，我们发现在实际的语料（包括书面语和口语）中，"已经"和句末"了"二者共现的频率是很低的（"已经"和句末"了"、词尾"了"三者共现的情况更是极少）。并且，在口语文献中，"已经"和句末"了"二者共现的频率甚至远低于"啦"的使用频率（参见表 26-1、表 26-2），这跟语言经济原则是有一定关系的。

表 26-1　典型的书面语文献中"已经"、句末"了"和词尾"了"的共现情况

文献	2004 年—2012年《政府工作报告》（177,721 字）	党的十六大一十八大报告（84,545 字）	《人民日报》（1995.09.04）（81,066 字）	科技论文（5 篇）（45,715 字）	总数（389,047 字）
"已经"+词尾"了"+句末"了"	0	0	0	0	0
"已经"+句末"了"	0	0	4	1	5
"已经"+词尾"了"	0	1	40	4	45
"已经"独用	26	6	78	51	161
句末"了"独用	1	2	45	1	49
句末"啦"独用	0	0	0	0	0

表 26-2　典型的口语文献中"已经"、句末"了"和词尾"了"的共现情况

文献	话剧《茶馆》剧本（31,430 字）	话剧《西望长安》剧本（42,113 字）	话剧《方珍珠》剧本（40,293 字）	小品剧本（7 部）（19,861 字）	相声《百吹图》剧本（3,567 字）	总数（137,264 字）
"已经"+词尾"了"+句末"了"	0	0	0	0	0	0
"已经"+句末"了"	4	7	4	7	0	22

续表

文献	话剧《茶馆》剧本（31,430字）	话剧《西望长安》剧本（42,113字）	话剧《方珍珠》剧本（40,293字）	小品剧本（7部）（19,861字）	相声《百吹图》剧本（3,567字）	总数（137,264字）
"已经"＋词尾"了"	8	11	7	0	0	26
"已经"独用	6	20	14	1	0	41
句末"了"独用	144	219	263	201	17	844
句末"啦"独用	90	28	76	7	65	266

接着，我们看句末"了"的隐现对句子的影响。句末"了"的隐现情况如下：

（6）a. 我已经写了回信了。

　　　＝b. 我已经写了回信。

（7）a. 我昨天已经买了车票了。

　　　＝b. 我昨天已经买了车票。

（8）a. 这篇课文我已经朗读三遍了。

　　　＝b. 这篇课文我已经朗读三遍。

（9）a. 我已经在北京住了两年了。

　　　＝b. 我已经在北京住了两年。

（10）a. 他昨天已经离开上海了。

　　　＝b. 他昨天已经离开上海。

同样，例（6a）～（10a）中的句末"了"省略后，没有影响句子的自足，句子的基本语义也没有变化。"已经"和句末"了"共现，"已经"单独出现，两者的差别也只是在于"申明"语气的强弱不同。这是可以理解的，因为句末语气词在句中的作用，只是用来强化语气，句子语气的表达并非专由语气词来承担。当句中的句末"了"省略之后，"已经"承担了类似的"申明"语气功能，使得句子仍具备"现时相关性"，同样使得事件与言语情景发生了某种联系或对其产生了某种影响。所以，正如句末"了"的隐现有时会影响到句子基本语义的表达（参见问题24），"已经"的隐现有时也会影响到句子的基本语义，如"我已经在北京住了两年"，如果去掉其中的"已经"，句子的语义就有所改变，这也正是"已经"所具有的"现时相关性"带来的结果（参见问题25）。如果不承认"已经"所具有的"现时相关性"，就没法解释这一点。

这样看来，"已经"和句末"了"在基本功能上是互为羡余的。不过，我们发现，句末"了"省略，"已经"单独出现，有时也会影响句子的自足。但这不是因为句末"了"的基本功能缺失，而是受到了其他因素的影响：

一是受节律的制约。杨永龙（2002）认为，现代汉语中，"已经"不能出现在光杆的单音节动词、形容词之前。例如：

（11）a. 他昨天已经走了。

　　　b. 他昨天已经离开。

　　　c.* 他昨天已经走。

（12）a. 先生已经老了。

　　　b. 先生已经苍老。

　　　c.* 先生已经老。

（13）a. 这本书他已经读了。

　　　b. 这本书他已经阅读。

　　　c.* 这本书他已经读。

显然，"已经走""已经老"和"已经读"之所以不自足，主要就是受节律因素的制约。

二是受语体的制约。不同语体中表达同一意思的句子对句末"了"隐现的要求是不同的。例如：

（14）我们学校已经成立一百周年了！（口语）

（15）本校已经成立一百周年！（书面语）

例（14）是口语，加上了句末"了"，语气上更加自然一些；但是，在例（15）中，不加句末"了"确实更为合理。

根据前述（参见问题9），典型的书面语材料，极少使用句末"了"；典型的口语材料，词尾 "了" 和句末 "了" 都使用，但句末 "了" 使用频次明显高于词尾 "了"。由此可见，句末 "了" 的使用情况跟语体的关系是十分密切的。这是可以解释的，书面语中的句子是一种非交流句，其与言语情景的联系本来就不如口语那么紧密。

书面语中倾向不使用句末 "了" 不等于书面语的句子中不存在 "申明" 的语气功能和 "现时相关性"，而是句末 "了" 的这种功能可由 "已经" 来承担。根据我们的统计（参见上面的表 26-1、表 26-2），在书面语中，句末 "了" 很少出现，"已经" 单独出现的情况却比较多；在口语中，句末 "了"（包括 "啦"）大量出现，"已经" 却很少单独出现。可见，"已经" 与句末 "了" 在语体功能上具有比较明显的互补性（但这又只是一种倾向，而不存在绝对的界限）。下面再举几个在历年国务院《政府工作报告》中出现的 "已经" 独用的例子：

（16）今年是实现这个目标的关键一年。国有企业改革的思路和方针政策已经明确。（1999 年）

（17）现在，中央关于改革和发展的大政方针已经明确，一些重要的法律、法规也已颁布。（2000 年）

（18）人均国民生产总值比 1980 年翻两番的任务，已经超额完成。（2001 年）

（19）本届政府履行职责已经一年。（2004 年）

值得注意的是，"这本小说我读了三天了" 其实还是个多义结构，除了表示 "读" 这一行为延续了三天且还没有读完之外，还可能表示 "读" 这一行为结束后已经过去三天了。如果表示 "读" 这一行为延续了三天且还没有读完，该结构当分析为 "这本小说我读了三天 / 了"；如果表示 "读" 这一行为结束后已经过去三天了，该结构当分析为 "这本小说我读了 / 三天了"。

27. "他去了上海出差" 和 "他去上海出差了" 有什么区别？

"他去了上海出差" 这句话言者强调的是 "他" 出差的目的地 "上海"，至于

"他"现在人在哪里，并不是言者交代的重点，在不同的语境中可以有不同的理解，例如：

（1）——上周他去了哪儿出差？

　　——他去了上海出差。

（2）——这会儿他去了哪儿出差？

　　——他去了上海出差。

例（1）"他"现在在哪儿并不清楚，也有可能人已经离开上海回来了。例（2）"他"现在可能在上海，也可能在去上海的路上。但不管怎样，"他去了上海出差"都强调了出差的目的地"上海"，这是因为词尾"了"在句子当中还具有一定的语用功能，那就是可以凸显所在区域的信息，即在一个连动式内部，词尾"了"的分布位置与信息重心的安排有关。（关于这一点，可以参见后文问题28。）假如所在区域并非信息重心（从所包含的信息量可以看出来），是不宜使用词尾"了"的。例如：

（3）a. 他去出差了。

　　b.* 他去了出差。

例（3a）未显示去的目的地，说明 VP$_1$ 位置根本不是句子的信息重心，因此"去"后不能使用词尾"了"。

"他去上海出差了"这句话言者旨在申明"他已经去上海出差"这么一个新情况、新信息，因此，"他"现在一定是在上海或者在去上海的路上。同时，这句话与现在（即言语情景）产生联系，在不同的言语情景中会传达出一些暗含的信息。例如：

（4）——今晚约他一起聚聚？

　　——他去上海出差了。

（5）——他最近忙吗？

　　——他去上海出差了。

例（4）的暗含信息是"今晚你约不了他了"，例（5）的暗含信息是"他现在忙着"。至于为什么"他去上海出差了"在具体的语境中会传达出这些暗含信息，主要是因为句末"了"具有"申明"语气功能，表明言者认为其所言对听者来说是一个新信息、新情况，而向听者申明这种新信息、新情况，实际上也就具有了一种实时交互性和现时相关性，使得实现了的事件与言语情景发生了某种联系或对其产生了某种影响。

28. "他找了个干净的地方放下行李" 和 "他找个干净的地方放下了行李" 有什么区别？

这个问题既涉及连动式（多动词语结构）中词尾 "了" 的位置问题，也涉及连动式中几个词尾 "了" 之间因 "实现体" 标记功能的羡余而隐含的问题。

赵淑华（1990）专门研究了连动式中词尾 "了"（文中称作 "了$_1$"）的位置。作者统计了六年制小学语文课本 28 万多字的语料，把其中的连动式按照 V_1 和 V_2 之间的语义关系分成了六种类型：1.V_1 和 V_2 表示先后动作；2.V_2 表示目的；3.V_1 表示方式、工具；4.V_2 表示结果；5.V_1 为 "有"；6.V_1 和 V_2 从正反两个方面说明一个情状。文章发现，只有前四类连动式的谓语中才有可能带词尾 "了"，且无论连动式的谓语有几个动词，词尾 "了" 一般只出现一次。至于词尾 "了" 出现的位置，有几种情况：如果 V_1 和 V_2 表示先后发生的动作，二者又没有明显的手段或目的关系，则词尾 "了" 一般出现在 V_1 之后，如 "我睡了个懒觉起来"；如果 V_2 表示目的，则词尾 "了" 只出现在 V_2 之后，如 "大家上街买了一些当地的土特产"，这是因为目的既已达到，那么为实现目的而进行的动作当然会先于目的的实现而实现；如果 V_1 表示方式、工具、手段、原因等，则词尾 "了" 只出现在 V_2 之后，如 "我们从坝顶乘电梯下了大坝"，这是因为 V_1+O_1 的作用只相当于一个状语；如果 V_2 表示结果，则词尾 "了" 一般出现在 V_1 之后，如 "老师傅听了哈哈大笑"。据赵淑华统计，119 个带词尾 "了" 的句子中，词尾 "了" 出现在 V_1 之后的共有 27 句，出现在 V_2 之后的共有 92 句。

赵淑华的研究重在描写概括，所得出的结论反映的只能是一种倾向。正如作者所说的，有这样的情况，即在同一个句子里，既可以把词尾 "了" 放在 V_1 之后，也可以放在 V_2 之后。例如：

（1）a. 他走了过去捡起地上的一张纸。

　　＝b. 他走过去捡起了地上的一张纸。

（2）a. 他脱掉了鞋子走进来。

　　＝b. 他脱掉鞋子走了进来。

（3）a. 他找了个干净的地方放下行李。

　　＝b. 他找个干净的地方放下了行李。

事实上，例（1a）（2a）（3a）中的词尾"了"后附于 V_1，句子更倾向于在 VP_1 之后使用逗号（即 VP_1 和 VP_2 之间往往有一个明显的停顿），使整个句子变成一个承接关系复句。不过，句子到底是复句还是连动句，仅仅与停顿的长短有关，如果话说得急一些，分句间的停顿不显现，也可以看成是一个连动句。实际上，当词尾"了"既可以位于 V_1 之后，也可以位于 V_2 之后，而基本语义保持不变时，那么这种情况下，词尾"了"也可以同时出现在 V_1 和 V_2 之后。如前例（1）（2）（3）分别可以变换成例（4）（5）（6）：

（4）他走了过去捡起了地上的一张纸。

（5）他脱掉了鞋子走了进来。

（6）他找了个干净的地方放下了行李。

这种情况下，V_1 和 V_2 之后的两个词尾"了"在"实现体"的标记功能上是互为羡余的。

现在回答以下两个问题：

第一个问题：在句子合乎语感（合格句子）的前提下，哪些类型的连动式可能出现词尾"了"共现的情况？体标记功能互为羡余的情况下，哪些类型的连动式一般不会同时出现两个词尾"了"？

我们认为，如果 V_1 和 V_2 表示较单纯的先后动作，之间又无明显的方式（包括工具、手段）与目的、原因与结果等关系，最有可能会出现多个词尾"了"共现的情况，不过前提是整个事件是已然实现了的。如例（4）（5）（6），又如：

（7）我到了楼下打了个电话给他。

（8）他从口袋里掏出了一封信递给了老师。

（9）他抓了一条鱼放进了桶里。

　　当然，如果表达的是未然的先后关系或一般规律，只是说明 V_2 的发生紧接在 V_1 实现后，那么词尾"了"只能位于 V_1 之后。例如：

（10）你到了北京打个电话给我。

（11）他每天在家吃了早饭去上班。

　　相反，如果 V_1 和 V_2 之间有明显的方式（包括工具、手段）与目的、原因与结果等关系，那么连动式不会同时出现两个词尾"了"。词尾"了"所附着的动词语往往是谓语的信息重心。例如：

（12）a. 他们来问了几道数学题。

　　　 b.* 他们来了问了几道数学题。

（13）a. 他做生意赚了几个钱。

　　　 b.* 他做了生意赚了几个钱。

　　第二个问题：如果同一个连动式，词尾"了"既可以出现在 V_1 之后（简称A型），也可以出现在 V_2 之后（简称B型），还可以同时出现在 V_1 和 V_2 之后（简称C型[①]），且保持基本语义不变，那么A型、B型、C型之间到底有什么不同？

　　我们看下面的例子：

（14）a. 他走了过去捡起地上的一张纸。（A型）

　　　 b. 他走过去捡起了地上的一张纸。（B型）

　　　 c. 他走了过去捡起了地上的一张纸。（C型）

（15）a. 他脱掉了鞋子走进来。（A型）

　　　 b. 他脱掉鞋子走了进来。（B型）

　　　 c. 他脱掉了鞋子走了进来。（C型）

（16）a. 他找了个干净的地方放下行李。（A型）

　　　 b. 他找个干净的地方放下了行李。（B型）

　　　 c. 他找了个干净的地方放下了行李。（C型）

　　从例（14）～（16）能够看出，A型的信息重心在 V_1，B型的信息重心在 V_2，C型中 V_1 和 V_2 之间的地位是对等的。相对而言，A型和B型多动词语

---

① 这里的A型、B型、C型是由"了"跟 V_1、V_2 的位置关系来决定的，跟 VP_1 或 VP_2 的结构无关，即其中的 VP_1 或 VP_2 有可能是动宾式，也有可能是动补式。

结构内部的关系比较紧密，而 C 型多动语词语结构内部的关系却比较松散，如果中间出现较长停顿（书面上添加一个逗号），完全可以看成是一个承接关系复句。

陈忠（2006：537、554）从"界限"说的角度分析了"了"的不同分布对各自句子语用义的影响。"'了'通过在句子当中的不同分布位置，表现成分之间结构关系的紧密程度、界限的强弱程度。""了"在句子当中所具备的语用功能，"可以凸显所在区域的信息重心，提高所在区域的信息量"，"动词后的'了'凸显动词的时间界限信息，增加动词的信息量"。陈文所举的例子如下：

（17）a. 他昨天请了几个朋友来家里喝酒。（凸显"请"，"请"的受事情状信息量高）

　　　 b. 他昨天请朋友来家里喝了点儿酒。（凸显"喝"，"喝"的受事情状信息量高）

我们认为，词尾"了"所在区域的符号信息量的增加，正是显示了其信息重心的地位。

其实，上述第二个问题与第一个问题相关，也可以看作是同一个问题的两个方面。第一个问题说明几个词尾"了"共现的可能性与连动式的类型有关，并说明了词尾"了"出现的不同位置与不同类型的连动式所表现的信息重心有关。第二个问题则正好说明几个词尾"了"共现，以及词尾"了"出现的不同位置，对连动式内部的信息重心会产生一定的影响。

C 型句中的几个词尾"了"之间在基本功能（体标记功能）上是互为羡余的。不过，考虑到 C 型句中某一个词尾"了"的隐现，虽然不会影响到句子的合法性和基本语义的表达，但对句子的语用义（连动式内部的信息重心）会产生一定的影响，因此，C 型句中的两个词尾"了"只能属于基本功能互为羡余，从严格意义上看，都不是句中真正的羡余成分。

需要说明的是，多动词语结构除了连动式之外，还包括兼语式、带谓词性宾语的动宾式、重动式等。兼语式和带谓词性宾语的动宾式都是一种套叠格式，动词语之间的关系非常紧密，也可以将它们整体看作是一个动词语，其中的词尾"了"出现的位置也相对固定，基本不会同时出现两个词尾"了"。其中，兼语式的第一个动词（使令动词）后不能添加 "了"，带谓词性宾语的动宾式中的谓词性宾语一般不能添加 "了"。例如：

（18）a. 老师指导我完成了毕业设计。（兼语式）

　　　　b.* 老师指导了我完成（了）毕业设计。

（19）a. 老师对小王进行了批评与教育。（带谓词性宾语的动宾式）

　　　　b.* 老师对小王进行（了）批评与教育了。

而重动式内部虽有不同的小类，但词尾 "了" 出现的位置也相对固定，一般位于第二个重复使用的动词的后边，更不会同时出现两个词尾 "了"。例如：

（20）他昨天睡觉睡了十个小时。（由离合词 "睡觉" 分解而成的重动式）

（21）他挂画挂到了天花板上。（由动宾式 "挂画" 分解而成的重动式）

总的来看，兼语式、带谓词性成分的动宾式、重动式等句式中 "了" 的使用并不复杂，因而对于这些格式我们不再详细展开讨论。

29.　"我买了书就回学校" 和 "我买了书就回学校了" 有什么区别？

"我买了书就回学校" 表示后一个行为紧跟着前一个行为发生，即 "买书" 这一行为实施以后便紧接着 "回学校"。尽管句中 V_1 后附了一个词尾 "了"，但它只是指示了 "买书" 和 "回学校" 之间的先后关系。而整个行为到底是具体的偶发行为还是惯常行为？如果是具体的偶发行为，那么该行为是否已经实现（付诸实施）？这些信息在这个孤立句中不得而知，需要通过上下文才能判断。例如：

（1）周末我经常会去书城买书，买了书就回学校。

（2）明天我打算去书城买书，买了书就回学校。

（3）今天上午我去书城买书了，买了书就回学校，正好赶上了下午的课。

显然，例（1）反映的是惯常行为，例（2）反映的是计划中的未然行为，例（3）反映的则是已然事件。

尽管 "我买了书就回学校了" 同样也是表示后一个行为紧跟着前一个行为发

生，但它不仅指示了"买书"和"回学校"之间的先后关系，而且也表明整个动作行为已经全程实现（完成）了。这是因为句中的词尾"了"指示了"买书"和"回学校"之间的先后关系，而句末"了"是兼有"实现体"标记功能的句末语气词，表"申明"语气。

30.　"昨天我吃了早饭就去了图书馆"和"昨天我吃了早饭就去图书馆了"有什么区别？

据前文问题 29 可知，"昨天我吃了早饭就去了图书馆"与"昨天我吃了早饭就去图书馆了"这两个句子都可以表示后一个行为紧跟着前一个行为发生，即"吃早饭"这一行为实施以后便紧接着"去图书馆"，指明了"吃早饭"和"去图书馆"之间的先后关系。两个句子形式上的差异并未影响句子的基本语义，且根据句中表示时制的时间名词"昨天"可知，两个句子中"吃早饭"与"去图书馆"这两个动作行为皆已全程实现（完成）了。形式上，这两个句子的差异主要体现在句中第二个"了"是放在词尾还是句末，句中第二个"了"位置的不同造成了两个句子在语用上的差异。

"昨天我吃了早饭就去了图书馆"这句话中"吃早饭"并非言者交代的重点，这个句子在不同的语境中可以有不同的理解，例如：

（1）——昨天上午八点你在哪儿？

　　　——昨天我吃了早饭就去了图书馆。

（2）——昨天上午除了图书馆你还去了什么地方？

　　　——昨天我吃了早饭就去了图书馆。

显然，例（1）中言者强调的是"吃早饭"后所去的目的地"图书馆"，主要是为了凸显信息重心为"图书馆"。例（2）强调的是"吃早饭"后自己只去了"图书馆"这一场所，并未去其他地方，此处的词尾"了"同样是为了凸显信息重心，需要注意的是，例（2）中的"就"在语音上需要重读。

与之相对应，"昨天我吃了早饭就去图书馆了"这个句子，仅仅是对"吃早饭" 与 "去图书馆" 这两种已然行为发生先后顺序的客观叙述, 并无凸显某一信息重心之意, 此处的句末 "了" 依然为具有 "实现体" 标记功能的句末语气词, 表 "申明" 语气的作用。

31.　"他昨天来上海了" 和 "他昨天来上海的" 有什么区别?

"他昨天来上海了" 和 "他昨天来上海的" 这两个句子的区别, 实际上就是句末语气词 "了" 和 "的" 的区别。

作为语气词的 "了" 和 "的" 均具有传递信息功能, 但二者在语气上各有侧重。其中 "了" 侧重表示对已然事实的申明 (告知一种新信息、新情况), "的" 侧重表示对已然事实及其细节的确认。王冬梅 (2014) 认为 "的" 用于判断, "了" 用于叙述, 这是有道理的。因为我们所谓的 "申明" 和 "确认" 的区别也就是叙述与判断这两种言语行为的区别。倘若言者假定听者对事实不知情, 则运用叙述的方式加以申明 (告知); 倘若言者假定听者对事实有所知, 但对这一事实或事实中的某些细节 (时间、地点、人物、方式、工具、材料等) 不清楚或有所误解, 则运用判断的方式加以确认。

因此, "他昨天来上海了" 是言者认为听者对 "他昨天来上海" 这个事实不知情, 将之作为一种新信息告诉听者; 而 "他昨天来上海的" 则是言者知道听者对 "他来上海" 这个事实有所了解, 但对其中的细节不清楚或有所误解, 因而向听者传递经由自己确认或判断的信息。

二者在形式上也有区别: 表申明的 "了" 字句中不能添加焦点标记——语气副词 "是", 也没有一个焦点重音; 而表确认的 "的" 字句中可以添加焦点标记 "是", 也可以有一个焦点重音, 并且 "是" 的位置或者重音的位置决定了句子的焦点 (即需要确认的细节) 是什么。这正是因为叙述、申明的是整个事件而非其中的细节, 而判断、确认的往往是事实中的细节 (如时间、地点、人物、方式、工具、材料等)。例如:

（1）a. 小王昨天来上海了。

　　　b.* 小王是昨天来上海了。

（2）a. 小王昨天来上海的。

　　　b. 小王是<u>昨天</u>来上海的。

　　　c. 小王昨天是<u>来上海</u>的。

　　　d. 是<u>小王</u>昨天来上海的。

　　例（1b）不可接受是因为表申明的"了"字句不能添加焦点标记"是"。例（2a）（2b）（2c）（2d）都可接受是因为表确认的"的"字句中可以添加焦点标记"是"，它们各句划线的部分均是句中的焦点，由"是"标记，当然也可以通过重音凸显。

32. "你怎么来了"和"你怎么来的"有什么区别?

　　"你怎么来了"用来询问"你来了"这件事的原因，"怎么"同"为什么"；"你怎么来的"用来询问"你来"的方式，"怎么"同"怎样"。"你怎么来了"和"你怎么来的"这两个句子的区别，跟其中的"了"和"的"有关，也跟"怎么"的不同意义有关，不过，"怎么"的不同意义也是在跟"了"和"的"的组配中才体现出来的。

　　将"你怎么来了"中的"了"视为词尾"了"或者句末"了"都有一定的道理：如果认为其中的"了"只表"实现"，无"申明"语气功能，统摄整个句子的疑问语气与它无关，那么可以认为它是词尾"了"；如果考虑到动词后还可以添加宾语（如"你怎么来上海了"），"了"仍然处于宾语的后面（全句的末尾），那么也可以认为这是句末"了"。但不管持哪种看法，在"你怎么来了"中，"了"的"申明"语气功能已经弱化。事实上，所有的疑问句中位于句末的"了"的"申明"语气功能都已经弱化，凸显的是其"实现体"标记功能，以及作为句末语气词所体现出来的实时交互性和现时相关性。（参见问题11、12）

试比较：

（1）a. 你去哪儿?

b. 你去哪儿了?

（2）a. 你买什么?

b. 你买什么了?

（3）a. 你吃吗?

b. 你吃了吗?

例（1a）（2a）（3a）"去""买""吃"等动作行为均未实现，例（1b）（2b）（3c）则表示动作行为已实现。

一般认为，"你怎么来的"中"的"是兼有过去时制标记功能的句末语气词，侧重表示对已然事实的"确认"语气（主要是对其中的某些细节，包括时间、地点、人物、方式、工具、材料等加以确认）。比如，"你怎么来的"意欲对"来"的方式加以确认，"你什么时候来的"意欲对"来"的时间加以确认。

33. "他昨天来过上海"和"他昨天来了上海"有什么区别?

"他昨天来过上海"和"他昨天来了上海"意义相近的部分在于"他来上海"这个行为都已经发生。

"他昨天来过上海"使用了"经历体"标记——"过"，主要表示"他来上海"这个行为曾经发生，但并未继续到现在，现在他人已经不在上海。如果知道他人还在上海，就一定不能使用"过"。

而"他昨天来了上海"使用了"实现体"标记——词尾"了"，主要表示"他来上海"这个行为在昨天已成为事实，但现在他人在不在上海却不得而知，需要其他的说明才能知道。例如：

（1）他昨天来了上海，今天一早就已经回去了。

（2）他昨天来了上海，听说要在上海待一段时间。

例（1）中的"了"替换成"过"，基本语义保持不变。例（2）中的"了"是绝对不能替换成"过"的。

再补充讲解一下"他昨天来过上海了"和"他昨天来上海了"这两个句子。

"他昨天来过上海了"中"过"表"经历"，"了"表"实现"，是一种"实现［经历］"的复合态（可以参见后文问题48），表达的是"他昨天来过上海"是一个事实，现在他人已不在上海。跟"他昨天来过上海"单纯表示"经历"不同，由于"他昨天来过上海了"中的句末"了"具有"申明"语气功能，与言语情景（现在）发生了某种联系，故"他昨天来过上海了"在不同的语境中会产生各种暗含的意义。

"他昨天来上海了"跟"他昨天来了上海"的体意义完全一致，均表示"他来上海"这个行为在昨天已成为事实，差别在于前者使用了句末"了"，后者使用了词尾"了"。同样，由于句末"了"具有"申明"语气功能，与言语情景（现在）发生了某种联系，故"他昨天来上海了"在不同的语境中会产生各种暗含的意义。并且，如果没有后续说明，"他昨天来上海了"相对于"他昨天来了上海"，更倾向于他人现在还在上海。

34. "他今天不来上课了"和"他今天没来上课"有什么区别？

"他今天不来上课了"和"他今天没来上课"的异同涉及"不"和"没"的对立与中和。

有人认为"他今天不来上课了"和"他今天没来上课"的区别是未然和已然的区别，认为前者"他不来上课"这件事还未发生，而后者"他没来上课"这件事是现在或过去已经发生的事。其实不然，"不"和"没"的对立并非未然和已然的对立，"不"也可用于已然事件，"没"也可用于未然事件。例如：

（1）他昨天怎么不来上课？

（2）如果他明天还没来上课，你得通知教务员了。

也有人认为"他今天不来上课了"和"他今天没来上课"的区别是前者用于主观意愿，后者用于客观叙述。但问题是，"不"所否定的成分很多并非表意愿，而仍然是客观叙述。例如：

（3）他不是学生。

（4）太阳不绕地球转。

这样看来，"不"和"没"的本质对立并非未然和已然、意愿和非意愿的对立。事实上，"不"用来判断，属于判断否定；"没"用来叙述，属于叙述否定。判断关涉事或物的性质与言者的主观性，叙述关涉事或物的存现与客观性。因此，"不"也可以理解成是一种性质否定、主观否定，"没"则可以理解成是一种存现否定、客观否定。（参见侯瑞芬，2014）当然，判断包含着叙述，主观性包含着客观性，性质包含着存现，因而"不"和"没"的使用有时会出现中和现象。如例（4）也可以说"太阳没绕地球转"，它跟"太阳不绕地球转"在意义上并没有太大差别，二者在语用上的细微差别在于"太阳不绕地球转"的主观性较强，是言者基于客观因素所做的判断，就是说"太阳不绕地球转"这个判断本身包含了"太阳没绕地球转"这个客观因素。又如：

（5）a. 他这会儿不在家。

    b. 他这会儿没在家。

例（5a）（5b）之间在意义上也没有太大的差别。

基于对"不"和"没"的认识，可以认为"他今天不来上课了"和"他今天没来上课"的区别在于：前者是判断，后者是叙述。二者可以在同一语境下兼容。例如：

（6）（语境：上课了，老师走进教室，发现李明不在）

    老师问：李明呢？

    学生A答：他今天不来上课了。

    学生B答：他今天没来上课。

学生A的回答是一种主观否定，学生B的回答是一种客观否定。"不"和"没"都不可以跟词尾"了"在一个小句内共现，但"不"可以跟句末"了"在小句内共现，"没"一般情况下不可以跟句末"了"共现。（参见后面问题

51~53）

事实上，由于主语"他"本身是可以言语的人，学生 A 的回答在某种情况下也有可能是一种引述性用法。比如，李明之前电话里告诉过学生 A 他"今天不来上课"，那么学生 A 对老师的回答就是一种引述。这种情况，只能发生在主语是人的条件下；如果主语是无法言语的动物或事物，那么就不存在引述的可能性，只能是基于言者自身的一种主观判断。

35.　"别想了"和"别忘了"中的"了"有什么区别？

句子"别想了"中的"了"是句末"了"，句子应当切分成"别想 | 了"，即要求别人不要再去"想（某件事）"了，主要还是向听者申明一种新情况。与"别想了"情况类似的如：

（1）你歇歇吧，别跑了。

（2）人家都休息了，你别跳了！

例（1）（2）中"别跑了""你别跳了"可分别切分成"别跑 | 了""你别跳 | 了"。事实上，"别想""别跑""你别跳"等结构本身也可以独立使用。

这类句子的动词后如果添加宾语，"了"只能位于句末，而不能位于动词词尾。例如：

（3）别想这些乱七八糟的事了。

（4）你歇歇吧，别跑那么多圈了。

（5）人家都休息了，你别跳那么劲爆的舞了！

句子"别忘了"中的"了"虽然处于句末位置，但它是词尾"了"，句子应当切分成"别 | 忘了"，即要求别人不要"忘了（某件事）"。句子可以变换成"别忘掉"。与"别忘了"情况类似的还如：

（6）别让敌人跑了。

（7）别把这部新手机丢了。

例（6）（7）可分别切分成 "别让敌人｜跑了" "别把这部新手机｜丢了"。事实上，"别忘" "别让敌人跑" "别把这部新手机丢" 等结构本身都不能独立使用，而 "忘了" "跑了" "丢了" 可以。

这类句子的动词后如果添加宾语或者将动词的支配对象移位至动词后，"了" 只能位于动词词尾，而不能位于句末。例如：

（8）别忘了这件事。

（9）别跑了敌人。

（10）别丢了这部新手机。

也有些结构在不同的语境中可以做不同的分析，比如 "别吃了" 就有两种分析，详见问题 15。

36. "飞机比火车快（了）很多" "飞机比火车快得多" 与 "飞机比火车快多了" 有什么区别？

"飞机比火车快（了）很多" "飞机比火车快得多" "飞机比火车快多了" 这三个句子属于表比较的同义句式，虽然结构形式有所不同，但基本语义相同。

其中，"飞机比火车快（了）很多" 中的 "快（了）很多" 可以看作述宾式（参见朱德熙，1982），"飞机比火车快得多" 中的 "快得多" 可以看作述补结构中的程度补语式，"飞机比火车快多了" 中的 "快多了" 则可以看作述补结构中的述结式[①]。

这三个句式用于 "比" 字句都很常见。相对而言，"飞机比火车快多了" 因为有句末 "了"，申明语气更加明显，具有强交互性，与言语情景的联系更加紧密，一般跟别人争辩或者向别人补充新信息时使用。而 "飞机比火车快（了）很多" 加不加词尾 "了" 还是有细微差别的：相较于 "飞机比火车快很多" 的单义性，"飞机比火车快了很多" 具有多义性，它除了有 "飞机比火车快很多"

---

① 朱德熙（1982）将 "快多了" 这类结构也归为程度补语式。我们考虑到该结构内部的凝固程度，以及跟 "快得多" 结构的区别，将之归为述结式。

这种意义之外，还有一种强调性状变化的结果的意思（其语境可能是：飞机之前的速度比火车快，但没有快得很多，经过改进提速后，"飞机比火车快了很多"）。

37. "我家院子里种了一棵葡萄树"和"我家院子里种着一棵葡萄树"有什么区别？

这两个句子都是由处所词语"我家院子里"做主语，均表示某处存在某物，属于存现句，基本语义一致。

相比较而言，"我家院子里种了一棵葡萄树"强调某种状态成为事实，即重在描述已经存在着的事实，而"我家院子里种着一棵葡萄树"则强调了某种状态的呈现并持续。类似的情况还有不少，例如：

（1）a. 门口站了一个人。

　　　b. 门口站着一个人。

（2）a. 池子里养了许多鱼。

　　　b. 池子里养着许多鱼。

此外，刘勋宁（1988）列举了"红了脸说""低了头走"等例子，说明其中的"了"和"着"的可替换性；赵淑华（1990）也认为，在连动句中，当"V₁+O"表示方式，出现在 V₁ 后的"了"相当于"着"，可以用"着"来替换，比如"曹操只得带了他们从华容道逃跑"可变换成"曹操只得带着他们从华容道逃跑"。

可见，"了"和"着"的互换是有条件的，二者的互换除了主要发生在存现句之外，有时还发生在连动式的前项，多表示动作行为的方式。比如"红了脸说/红着脸说""低了头走/低着头走"，其中的"红了脸""低了头"分别是"说""走"的行为方式，可以看作是一种"背景"信息。

38. "吃了两个小时饭" "吃了两个小时的饭" 和 "吃饭吃了两个小时" 有什么区别?

"吃了两个小时饭" "吃了两个小时的饭" "吃饭吃了两个小时" 这三个句子也属于同义句式，虽然结构形式有所不同，但基本语义相同。

"吃了两个小时饭" 的内部结构关系是 "补充说明时量的动补结构（吃了两个小时）+宾语（饭）"。"吃了两个小时的饭" 内部结构关系与 "吃了两个小时饭" 相同，但是在时量补语 "两个小时" 和宾语 "饭" 之间插入了一个具有焦点确认功能的助词 "的"①。"吃饭吃了两个小时" 则是一个重动结构。

这三个句式都比较常见。相对而言，"吃了两个小时饭" 主观性较小，是比较客观的叙述；"吃了两个小时的饭" 则在叙述的同时，对 "的" 前的时量补语有所确认和强调，时量补语 "两个小时" 成了全句的焦点；而 "吃饭吃了两个小时" 则带有明显的主观性，表示言者认为 "吃两个小时饭" 是很长的时间，这是因为汉语使用重动结构往往具有 "超常规" 或 "反常规" 的语用功能。

39. "我曾经去过两次北京" "我已经去过两次北京" 和 "我已经去了两次北京" 有什么区别?

"曾经" 和 "过" 都是 "经历体" 的标记，它们在小句内共现，表示的就是一种纯粹的 "经历体"。"曾经" 表 "经历体" 的同时，还兼表 "过去时" 的功能，表示较早之前经历过（当然对时间远近的感知和表达具有一定的主观性，并没有一个严格的界限）。因此，"我曾经去过两次北京" 表示 "我" 以前 "去过两次北京" 这么一种经历。

---

① 也有学者认为这个 "的" 是一个时制助词。

"已经"是"实现体"的标记，它和"过"在小句内共现，表示的是"实现体"包蕴"经历体"的这么一种复合态（实现［经历］）（关于"复合态"，还可以参见后文问题 47～50）。"已经"表"实现体"的同时，还附带强调的语气功能（参见问题 25）。句子一旦被赋予强调的语气，即表明言者认为，对听者来说，这是一个新信息、新情况。而报道、申明这种新信息、新情况，实际上也就具备了一种类似于句末"了"的"现时相关性"，即"已经"包含着某种提示性信息，暗示着动作行为对现在（言语情景）的影响。因此，"我已经去过两次北京"表示"我去过两次北京"这种经历已经成为事实，同时，在特定语境中可能传达出"我对北京不陌生了""这次不想再去北京旅游了"等各种与现在联系或对现在产生影响的暗含信息（这些在特定语境中的暗含信息也是言者想要传递的信息）。

综上，尽管"我曾经去过两次北京"和"我已经去过两次北京"这两个句子的逻辑真值语义（基本语义）一致，但由于它们体现出来的体意义并不一致，加上受"曾经"和"已经"各自的语义特征的影响，二者在语用上仍有比较明显的差异："我曾经去过两次北京"，言者主观上认为其"去过北京"的经历在时间上已经比较久远了，也没有对现在产生影响的暗含信息；而"我已经去过两次北京"，并没有时间久远的意思，但传递出了对现在产生影响的暗含信息。

而"我已经去过两次北京"和"我已经去了两次北京"的主要区别在于：前者是一种复合态（"实现［经历］"），后者是简单态（"实现体"）。但二者的逻辑真值语义（基本语义）是一致的，并且在语用上差异也并不明显。因为实现了的动作行为，如果已经终止，不再延续，也可以将它视为一种经历，而经历过的事情，也一定是过去实现并已终止了的事情。

40. "我吃了饭了"和"我吃过饭了"有什么区别？

"我吃了饭了"和"我吃过饭了"在语义上基本没有差别。主要原因是：
第一，根据前文（问题 23）所述，当谓词 V 为［＋持续性］动作动词，无宾语或者宾语 O 为［－顺序义］名词语时，"V 了 O 了"结构没有多义性，只表示"某种动作行为过程已经结束"，因此，"我吃了饭了""他做了作业了"等句子分别表示"吃饭""做作业"等整个行为过程的实现，也就是行为本身已经结束，具有"完成"义。

第二，动态助词"过"有两个义项：一是相当于一个"完成体"的标记，表示某种动作行为实施完毕、结束；二是作为一个"经历体"标记，表示某种动作行为或变化曾经发生。"我吃过饭了""杏花和碧桃都已经开过了"等句中的"过"都属于第一个义项，表示"完成"。

因此，"我吃了饭了"和"我吃过饭了"尽管谓词末尾使用了不同的动态助词，但它们的逻辑真值语义（基本语义）并没有什么差别。

不过，当动态助词"过"表示"经历"时，"V 过 O 了"与"V 了 O 了"在语义就会有十分明显的区别。例如：

（1）我去过上海了。

（2）我去了上海了。

例（1）"过"是"经历体"标记，句末"了"是兼有"实现体"标记功能的语气词，整个句子体现的是一种"实现［经历］"复合态，言者向听者传递"我去过上海"这么一个新信息（事实），但"我"现在不在上海了；例（2）词尾"了"和句末"了"共现，整个句子体现的是一种单纯的"实现体"，言者向听者传递"我去了上海"这么一个新信息（事实），并且"我"现在仍在上海。

顺便说明一下，"V_1 过 O（再/就）V_2"中的"过"一般情况下表示"完成"，表示第一个动作行为（V_1）完成后紧接着实施另外一个动作行为（V_2）。因此，"V_1 过 O（再/就）V_2"与"V_1 了 O（再/就）V_2"在语义上也是基本上没有差别的。例如：

（3）a. 你吃过饭再走。

=b. 你吃了饭再走。

（4）a. 他睡过一觉就出门干活去了。

=b. 他睡了一觉就出门干活去了。

41. "跑了起来"与"跑起来了"有什么区别?

根据前述（参见问题6），尽管 "V＋了＋复合趋向补语"（跑了起来）格式相对于 "V＋复合趋向补语＋了"（跑起来了）格式没有明显不同的语义功能，即二者的基本语义是一致的，但在表达功能上却存在差别。杨国文（2001）认为 "跑了起来""读了下去" 等更强调 "起始""继续"，而 "跑起来了""读下去了" 更强调 "结果"。我们认为，二者的最主要的区别还在于：

第一，相对于 "V＋了＋复合趋向补语" 格式，"V＋复合趋向补语＋了" 格式具有较强的实时交互性。这与前者（"V＋了＋复合趋向补语" 格式）的 "了" 是纯粹的 "实现体" 标记词，后者（"V＋复合趋向补语＋了" 格式）的 "了" 是兼有 "实现体" 标记功能的句末语气词（表 "申明" 语气）有一定的关系。句末 "了" 的 "申明" 语气偏重于传递新信息、新情况，即在实时交互过程中，当言者认为其所言对听者来说很有可能是一个新信息、新情况时，倾向于在句末使用 "了" 对这一信息、情况加以申明。

向听者申明这种新信息、新情况，实际上就具有了一种实时交互性和现时相关性。现时相关性，是从实现了的事件与现在（即言语情景）的特定联系或对其所产生的影响这个角度来考虑的。不管事件是在过去、现在还是在将来实现，句末 "了" 使得该事件与言语情景发生了某种联系。比如 "他十年前就来上海了"，虽然其 "实现体" 的参照时间是句子中给出的 "十年前"，属于 "过去的实现"，但由于句末 "了" 的实时交互性和现时相关性，使得该句与现在（言语情景）发生了联系，在不同的语境中可能传达出 "他来上海已经很久了""他对上海很熟悉了" 等各种与现在有联系或对现在产生影响的暗含信息（这也是言者想要传递的信息）。并且，如果没有后续说明，"他在上海" 这一行为还将持续下去。王洪君、李榕、乐耀（2009）甚至认为可以以 "了₂" 和其他语气词作为形式依据，把汉语的语体分为两类——"主观近距交互式语体"（非正式语体）和 "主观远距单向式语体"（正式语体）。这正是意识到了语气词的使用对语言产生的重要影响，并将语言的交互语气与近距离（实时）交际功能视为语体最上位的分界依据。

因此，很多人凭语感认为 "V＋了＋复合趋向补语" 格式多出现于叙述语体中，而 "V＋复合趋向补语＋了" 格式则多出现于对话语体中，是可解释的。

第二，"V＋了＋复合趋向补语" 格式的语义重心在谓语动词上，而 "V＋复合趋向补语＋了" 格式的语义重心落到了补语上（参见杨德峰，2017：171-185）。这是因为词尾 "了" 所附着的动词往往是谓语的信息重心，"了" 在句子当中所具备的语用功能，"可以凸显所在区域的信息重心，提高所在区域的信息量"，"动词后的'了'凸显动词的时间界限信息，增加动词的信息量"（陈忠，2006：537、554）。如果谓词前有描写性状语，倾向于使用 "V＋了＋复合趋向补语"（如 "孩子一蹦一跳地跑了进来"），大概是因为描写性状语本来就是对动作行为方式的描写，重心落在动词上。

这样看来，"V＋了＋复合趋向补语" 和 "V＋复合趋向补语＋了" 这组近义格式确实丰富了汉语的表达功能。

42．"都十二点了" 与 "已经十二点了" 有什么区别？

具有 "实现体" 标记功能的不定时时间副词，除了 "已经" 之外，还有一个 "都"。

一般认为，"都" 是一个多功能副词，除了表示总括（如 "全家都搞文艺工作"）、表示强调语气（如 "连这么重的病都给治好了"）之外，还具有 "实现体" 标记功能，如 "都八点了" 中的 "都" 便涉及 "都" 的体标记用法。

因为 "已经" 与 "都" 具有相同 "实现体" 标记功能，所以常常可以用 "都" 替换 "已经" 而句子的基本语义保持不变。例如：

（1）a. 现在已经十二点了，还不睡！

　　＝b.现在都十二点了，还不睡！

（2）a.饭已经凉了，快吃吧！

　　＝b.饭都凉了，快吃吧！

（3）a.已经二十岁了，该为家里分担一些事情了。

　　＝b.都二十岁了，该为家里分担一些事情了。

（4）a.我们赶到时，他已经离开了。

　　＝b.我们赶到时，他都离开了。

当"已经"与"都"可以互换时，它们也可以连用共现，基本语义仍然保持不变。连用的顺序基本上都是"都＋已经"，而不是相反。如例（1）～（4）可以变换成如下句子：

（5）现在都已经十二点了，还不睡！

（6）饭都已经凉了，快吃吧。

（7）都已经二十岁了，该为家里分担一些事情了。

（8）我们赶到时，他都已经离开了。

　　不过，同为"实现体"标记词，"已经"的应用范围远比"都"广泛，能够用"都"的句子，几乎都能替换为"已经"，而使用"已经"的句子则不一定可以替换为"都"。郭春贵（1997）对时间副词"已经"和"都"的使用次数做过抽样统计，结果如表42-1：

表 42-1　郭春贵（1997）对"已经"和"都"的使用次数统计

调查材料	已经	都
《龙须沟　茶馆》（162 页）	33	4
《苏叔阳剧本选》（296 页）	35	15
《张杰小说剧本选》（263 页）	133	10
《肃反小说选》（304 页）	139	5

　　郭文认为，"都"带有浓厚的感情色彩，主要表达不满、惋惜、提醒或劝慰等情绪，类似语气副词。我们认同这一看法。同时，因为时间副词"都"具有明

显的感情色彩和强烈的 "申明" 语气, 加上 "都" 本身又是一个多功能副词[①],
其使用会在以下几个方面受到限制。

首先, 语体受限。

我们发现, 使用时间副词 "都" 的语料均出自人物访谈录或小说、剧本中的
人物对话, 即 "都" 只能用于口语, 用于现场的交流性语言, 与言语情景的联系
十分密切。以下两点能够很明显地看出 "都" 受语体的制约:

第一, "都" 不能用于描写性、说明性、介绍性的非交流性语言, 而 "已经"
可以。例如:

(9) a. 资本主义经济在封建社会末期就已经产生。

　　　b.* 资本主义经济在封建社会末期就都产生。

第二, "都" 要与句末的 "了₂" 配合使用, 而 "已经" 可以单独使用。而根
据前述 (参见问题 9、10), "了₂" 跟语体的关系十分密切, 用于口语语体的倾
向十分明显。例如:

(10) a. 他已经成年 (了), 有些事情你不能管得太多。

　　　b. 他都成年了, 有些事情你不能管得太多。

　　　c.* 他都成年, 有些事情你不能管得太多。

与 "了₂" 配合使用时, "都" 的体标记功能是羡余的, "都" 在句中主要
体现其较为强烈的语气功能, 目的是传达不满、惋惜、提醒或劝慰等感情。就
这一点来看, "都" 到底算不算一个真正的体标记确实值得进一步探讨。

其次, 句类受限。

时间副词 "都" 所在的句子 (或小句) 往往表达感叹语气, 不能表达疑问语
气, 因而 "都" 一般不能用于疑问句, 而 "已经" 可以用于包括疑问句在内的各
种句类。例如:

(11) a. 饭已经凉了, 快吃吧!

　　　b. 饭已经凉了吗? 快吃吧!

　　　c. 饭都凉了, 快吃吧!

---

① 　关于具有体标记功能的 "都" 的使用限制问题, 还可以参见郭春贵《时间副词 "已经" 和 "都" 的异同》,
《世界汉语教学》1997 年第 2 期。

　　d.＊饭都凉了吗？快吃吧！

　　再是，搭配受限。

　　因为副词"都"还有表示总括的用法，为避免"都"产生歧义，时间副词"都"不宜用于主语是复数的句子里，而"已经"可以。例如：

（12）a.他已经成年了，有些事情你不能管得太多。

　　　　b.他们已经成年了，有些事情你不能管得太多。

　　　　c.他都成年了，有些事情你不能管得太多。（"都"是时间副词）

　　　　d.他们都成年了，有些事情你不能管得太多。（"都"倾向理解为统括
　　　　　副词）

　　时间副词"都"也不能直接用在判断动词"是"的前面，而"已经"可以。例如：

（13）a.现在已经十二点了。

　　　　b.现在已经是十二点了。

　　　　c.现在都十二点了。

　　　　d.＊现在都是十二点了。

　　从以上所述的"都"的种种限制不难看出，"都"能替换成"已经"，而"已经"不一定可以替换为"都"。

　　接下来，主要讨论一下"已经"与"都"之间的共现与互隐对句子的影响。

　　先看"已经"的隐现情况。例如：

（14）a.现在都已经十二点了，还不睡！

　　　　＝b.现在都十二点了，还不睡！

（15）a.饭都已经凉了，快吃吧。

　　　　＝b.饭都凉了，快吃吧。

（16）a.都已经二十岁了，该为家里分担一些事情了。

　　　　＝b.都二十岁了，该为家里分担一些事情了。

（17）a.我们赶到时，他都已经离开了。

　　　　＝b.我们赶到时，他都离开了。

　　显然，将例（14）～（17）a句中的"已经"省略后，句子的合法性没有受

到影响，句子的基本语义也没有变化，甚至在语气上也很难区分有什么不同。这是因为句子的 "实现体" 意义和 "申明" 的语气功能均由句中的 "都" 和 "了₂" 共同体现，句子所表现出来的不满、惋惜、提醒或劝慰等感情色彩本来就是由 "都" 传达出来的，与 "已经" 无关，因此，可以认为 "已经" 在此类句子中属于功能完全羡余。

再看 "都" 的隐现情况。例如：

（18）a. 现在都已经十二点了，还不睡！

　　　≈b. 现在已经十二点了，还不睡！

（19）a. 饭都已经凉了，快吃吧。

　　　≈b. 饭已经凉了，快吃吧。

（20）a. 都已经二十岁了，该为家里分担一些事情了。

　　　≈b. 已经二十岁了，该为家里分担一些事情了。

（21）a. 我们赶到时，他都已经离开了。

　　　≈b. 我们赶到时，他已经离开了。

例（18）～（21）a 句中的 "都" 省略后，句子的合法性也没有受到影响，句子的基本语义也没有变化，但是在语气上有比较明显的差别。这是因为虽然句子的 "实现体" 意义和 "申明" 的语气功能由句中的 "已经" 和 "了₂" 共同体现，但是 "都" 所表示的不满、惋惜、提醒或劝慰等感情色彩，以及在不同的语境中派生出来的表示时间晚、年龄大或数量多等含义是 "已经" 和 "了₂" 所不具备的。

综上，"都十二点了" 与 "已经十二点了" 虽然基本语义相近，但二者之间在语气上还是有着较为明显的差别。

第三部分　连用与共现

43. 句末"了"经常与哪些语气词连用？

汉语普通话里最基本的语气词有六个：的、了、吗（么）、呢、吧、啊。除"了"之外的这五个语气词都可以和"了"连用，构成复合语气，但它们的连用是有层次的，处于最外层的最后一个语气词，决定了全句的语气。一般认为这六个最基本的语气词分为三层：第一层，"的""了"；第二层，"吗""呢""吧"；第三层，"啊"。那么从功能语气的内部连用（也称"叠用"）层次来看，大体上是：申明、确认的陈述性语气（"了"表申明，"的"表确认）>疑问语气（"么"表疑问，"吧"表半疑，"呢$_1$"表深究）>强调语气（"啊"表强调语气，"呢$_2$"表提醒）。因此，"了"跟其他语气词的常见连用形式包括以下几种情况：

第一，句末"了"和其他语气词连用的二合形式，包括"了吗""了呢$_1$""了吧""了啊（啦）""了呢$_2$""的了""了的"等，还包括"了啊"的变体形式"了呀""了哇"等。例如：

（1）身体里有什么地方出毛病了吗？

（2）这些人都上哪儿去了呢$_1$？

（3）你现在知道管闲事之危险了吧？

（4）他昨天就已经回来了啊！

（5）外面在下大雨了呢$_2$！

（6）这真是太奇怪了呀！

因为"了"和"的"同处一个层次，所以只有"了"和"的"的连用是可逆的。例如：

（7）这片土地已经是属于咱们的了。

（8）门窗是关紧了的。

但当强调状态变化（申明一种新情况）时，用"的了"，如例（7）；当强调某种状态，不强调变化时，用"了的"，如例（8）。

此外，由于"啦"是"了啊"合音的结果，"了啦"便相当于"了了啊"（第一个"了"是纯表"实现体"的词尾"了"，第二个"了"是句末"了"，因句中的"实现体"标记功能由词尾"了"承担，此句的句末"了"主要承担了"申明"语气功能），句末"了"和"啊"合音成"啦"具有强烈的"申明"语气功能。例如：

（9）我们都被他的样子吓到了啦！

第二，句末"了"和其他语气词连用的三合形式，包括"了呢$_1$啊（了哪$_1$）""了呢$_2$啊（了哪$_2$）"等。"哪$_1$"（"呢$_1$＋啊"）和"哪$_2$"（"呢$_2$＋啊"）分别对应"呢$_1$"（表深究）和"呢$_2$"（表提醒）的语气功能，只是由于"啊"具有语气"放大器"的功能（参见问题21），使得"哪$_1$"的深究语气、"哪$_2$"的提醒语气分别比"呢$_1$""呢$_2$"更加强烈一些。例如：

（10）你又在想什么了哪？

（11）外面早就黑了哪！

例（10）中的"了哪"是"了哪$_1$"（了呢$_1$啊），例（11）中的"了哪"是"了哪$_2$"（了呢$_2$啊）。

句末语气词及其连用的情况一般只出现在具有实时交互性的交流性语言中。

44. 句末"了"经常与哪些语气副词共现？

首先，句末"了"可以与以下功能类语气副词^①在小句内共现：

第一类是疑问类语气副词（主要是表反诘的语气副词）。可以与句末"了"共现的疑问语气副词主要是"岂""难道""究竟""到底"等。例如：

（1）既然说到这里了，我就问："你自己的问题究竟怎么样了？"

（2）那就长话短说，你到底碰上啥事了？

第二类是感叹类语气副词。句末"了"可以与之共现的感叹语气副词主要是"太""老""可"。句末"了"较少跟感叹语气副词"好"共现，不能跟感叹语气副词"真"共现。例如：

（3）我愁得直掉眼泪，想想这人活着也太难了，要不是为了两个孩子，我真的都想自己找个地儿消失了算了。

（4）他们回去一次，家里串门的都挤不下，他们可神气了。

其次，句末"了"可以与以下意志类^②语气副词在小句内共现：

第一类是确认类语气副词。可以与句末"了"共现的确认类语气副词不多，共现频次总体较低，主要是"当然""实在""其实""确实""还""的确"等。其中，"当然"与句末"了"的共现频率相对较高。例如：

（5）买大件当然靠出国了，那样的工资状态。

（6）橘子皮还是绿的，当然不好吃了。

---

① 语气副词的功能语气具体表现在其对句类的选择上。绝大多数的语气副词都可以出现在各个句类中，它们跟功能语气之间没有大致的对应的关系，即它们本身不表示特定的功能语气，而是用来表示意志语气的。不过，有小部分语气副词比较特殊，只能出现在疑问句、感叹句或祈使句中，它们本身便负载了疑问语气、感叹语气或祈使语气，比如："岂""何不""难道"等主要表反问语气，"究竟""到底"表询问语气，"太""何等""多么"等表感叹语气，"千万""务必"等兼表祈使语气（但它们主要表示"必要类"意志语气）。因此，所谓的"功能类语气副词"是指那些在一般情况下只能出现在疑问句或感叹句中的语气副词，即它们本身负载了疑问语气或感叹语气，前者属于"疑问语气副词"，后者属于"感叹语气副词"。

② 意志类的语气副词主要表达的是说话人的情感和态度。

第二类是揣测类语气副词。又分为**必然类语气副词**、**或然类语气副词**。可以与句末"了"共现的必然类语气副词较少，共现频次总体较低，主要是"一定""绝对""准"等。可以与句末"了"共现的或然类语气副词很多，共现频次总体来看也较高，主要是"也许""要""几乎""差不多""好像""似乎""恐怕""大概"等。例如：

（7）我妈妈不喜欢坏孩子，一定是生我气了。

（8）两年不见，她好像已经不认识了。

第三类是**必要类语气副词**。可以与句末"了"共现的必要类语气副词较少，共现频次总体较低，主要是"必须""不必""千万""万万"等。例如：

（9）一切计划都会被打破，你看我一回家又必须挤车去学院了。

（10）儿啊，听娘一句话，以后千万别再杀人了！

第四类是**意愿类语气副词**。可以与句末"了"共现的意愿类语气副词主要是"也""就""还是"等。例如：

（11）我还是别试了，再把井给挤坏了。

（12）他吃完饭就去上班了。

第五类是**契合类语气副词**。可以与句末"了"共现的契合类语气副词主要是"刚""刚刚""刚好"等。例如：

（13）钱掌柜那个当铺，刚失窃了！

（14）他刚刚上班去了。

第六类是**料悟类语气副词**。可以与句末"了"共现的料悟类语气副词主要是"果然""终于""总算①"等。例如：

（15）哎呀，总算恢复正常了！

（16）这件事情终于了结了。

第七类是**领悟类语气副词**。可以与句末"了"共现的领悟类语气副词主要是"原来""难怪"等。例如：

（17）我摸着他的手，他随即捏捏我的手，原来他是乏极了，打了个盹儿，

---

① "终于""总算"也可以视为兼有语气功能的时间副词，含有"最后"的意思。

他立刻继续呼啸。

（18）这就难怪 T 小姐鄙弃他而嫁给哲学家了。

第八类是反预期类语气副词。可以与句末"了"共现的反预期类语气副词主要是"都①""却""竟""倒""竟然""反而"等。例如：

（19）那么多人，为了你，把那么有前途的工作都放弃了，你这么做，对得起他们吗？

（20）刚艳阳高照，不一会儿却下起雨来了。

第九类是侥幸类语气副词。可以与句末"了"共现的侥幸类语气副词主要是"幸亏""幸好""好在"等。例如：

（21）他幸亏回来了。

（22）房子不算大，好在现在就剩我俩住了。

45.　词尾"了"经常与哪些时间副词共现？

陆俭明、马真（1999）认为："其实，通常所说的时间副词，大多不表示'时'，而表示'态'。"（这里的"态"大致相当于我们所说的"体"。）这个说法是有道理的。我们也并未找到专职表示"时"的时间副词，但有些时间副词标记"体"（态）的同时兼有"时"的功能，例如："曾""曾经""一度""业已""业经""从来""从₂"②"历来""一向""向来""素""素来""终于""至今""终将""终归""总归""必将""迟早""早晚"等。就是说，这些时间副词标记"体"是与"时"捆绑在一起的。那么哪些时间副词算是兼有时制功能呢？辨别的标准可以利用陆俭明、马真（1999）确立的"定时"性。他们按照是否"定时"，把时间副词分为定时时间副词和不定时时间副词。定时时间副词，只能用于在某一特定时间——或说话前（即过去时），或说话时（即现在时），或说话后（即未来时）——存在或发生的事。如"业已""业经"

---

① "都"也可以视为兼有语气功能的时间副词，相当于"已经"。

② 时间副词，与介词从₁相区别。

只能用于过去时或现在时，"向来""一度" 只能用于过去时，"必将""迟早"
只能用于将来时。不定时时间副词，则既适用于说过去的事，也可用于说现在
或未来的事，如 "已经" 等。例如：

（1）a. 这项工程上周业已完成了。

b. 这项工程（目前）业已完成了。

c.* 这项工程到下个月想必业已完成了。

（2）a. 他昨天晚上已经回到上海了。

b. 他现在已经回到上海了。

c. 他明天晚上的这个时间想必已经回到上海了。

因此可以说，时间副词主要用来表达 "体"（时态，aspect）意义，而不是
"时"（时制，tense）。定时时间副词在标记 "体" 的同时兼有标记 "时" 的功能，
而不定时时间副词标记的是 "体"，它们对 "时" 则是不限定的。

经过语料库检索发现，可以和词尾 "了" 共现的时间副词较为丰富，主要包
括以下这些：

便、才、刚、刚刚、乍、已、已经、业已、且、曾、曾经、先、既、都、马
上、顷刻、少顷、立刻、当即、立即、即刻、立时、顿时、登时、霎时、应时、
旋即、早就、早已、老早、暂且、新近、一直、一向、向来、历来、随即、随
后、终于、总算、猛然、陡然、从此、先后、至今、仍然、仍旧、一朝、一旦、
一度、早早

由于词尾 "了" 是 "实现体" 的标记，对 "时" 并没有特别的要求和限制，
所以不论是兼有过去或者现在时制功能的时间副词，还是无时制功能的时间副
词，都存在和词尾 "了" 共现的情况。

不管词尾 "了" 还是句末 "了" 与时间副词共现，事实上都构成了一种复合
态，但处于最外层的体标记决定了整个句子的体意义。（关于这一点，可以参见
后文问题 47~50。）

不过，表 "将行体" 的时间副词 "将""要""快""将要""快要""就要""迟
早""早晚" 等（尤其是单音节时间副词）几乎不与词尾 "了" 共现。例如：

（3）a.* 他将工作了一个小时。

b.*我们就要走了很长一段路。

c.*我们公司快要成立了十周年。

这是因为词尾"了"是处于最内层的体标记，后附于谓词，直接作用于谓词本身来完成对事件状态的标记。谓词前如果添加"将行体"标记，势必构成"将行体"包蕴"实现体"（将行［实现］）的复合态形式，而事实上，汉语中并没有"将行［实现］"的复合态形式。

46. 句末"了"经常与哪些时间副词共现？

经过语料库检索发现，可以和句末"了"共现的时间副词也非常丰富，主要包括以下这些：

便、才、刚刚、已、已经、业已、且、在、就、永、将、要、将要、快要、就要、行将、永远、先、快、久、都、马上、顷刻、立刻、当即、立即、即刻、立时、登时、顿时、霎时、应时、然后、旋即、然而、早就、早已、老早、暂且、曾经、新近、一直、一向、从来、随即、随后、终于、总算、迟早、早晚、猛然、陡然、正在、从此、先后、至今、仍然、仍旧、一朝、一旦、一度、早早。

统计发现，双音节时间副词与词尾"了"、句末"了"共现的现象比单音节时间副词更为普遍。

虽然表"将行体"的时间副词"将""要""快""将要""快要""就要""迟早""早晚"等几乎不与词尾"了"共现，但都可以和句末"了"共现。其中，双音节的"将要""快要""就要"等与句末"了"共现的情况非常多。例如：

（1）我们快要考试了。

（2）我们明天就要回国了。

（3）他将要来上海学习了。

既不能和词尾"了"共现也不能和句末"了"共现的时间副词有：经常、常常、正、初、顿、暂、权、时、本、姑、方、突、自来、将次。主要原因：一是这些副词有的本身使用频率低；二是某些副词的体意义和 "了" 表示的实现体冲突，如 "正" 表示进行体，"经常" "常常" "从" 等表示惯常。

47.　为什么 "他曾经演了很多电视剧" 中 "曾经" 可以和词尾 "了" 共现？

尽管汉语态制（aspect，也称 "体"）的表达形式以简单态为主，但也存在少量由这些简单态组合而成的复合态。不过，构成复合态的简单态之间往往有一定的层级关系，其中最外层的态标记决定了整个句子的 "态"。以往学界对汉语复合态的关注不多，杨国文（2001）参照英语的复杂时态生成系统，系统描述了汉语复合态在有限受控条件下的递归生成过程，文中总结出了若干条规律，其中一条便是：两种简单态同属于 "完全态[①]" "非完全态" "将行态" 中的一个子系统时，可以复合，比如 "曾经［上了三年小学］"（经历［实现］[②]），"已经［吃过饭］了"（实现［经历］）。

"曾经" 是标记 "经历体" 的时间副词，兼有过去时制功能，义为 "以前有过某种行为或情况"，处于谓词前位，通过作用于整个谓语部分来完成对事件状态的标记；词尾 "了" 是表体助词，处于谓词末位，直接作用于谓词来完成对事件状态的标记。表体助词和时间副词共现时，时间副词处于外层，因此，当 "曾经" 与词尾 "了" 共现时，便构成了一种 "经历体" 包蕴 "实现体"（即 "经历［实现］"）的复合态。试比较：

（1）他曾经演了很多电视剧。

（2）他曾经演过很多电视剧。

例（1）（2）虽然都表示过去的一种经历，但二者在体意义的表达上略有区

---

① "完全态"（perfective）包括 "实现" "经历" "近经历" 等；"非完全态"（imperfective）包括 "持续" "进行" "起始" "继续" 等。

② "经历［实现］" 表示 "经历体" 包蕴了 "实现体"，"实现［经历］" 则表示 "实现体" 包蕴了 "经历体"。其他情况依此类推。

别，例（1）是一种复合态，以"曾经"为标记的"经历体"包蕴以词尾"了"为标记的"实现体"（经历［实现］），表示"演很多电视剧"这么一个情况他以前实现过；例（2）"曾经"与"过"共现，是纯粹的"经历体"，表示"演很多电视剧"这么一个情况他以前经历过。

如果把"曾经"换成"已经"，句子的体意义又完全不同了。例如：

（3）他已经演了很多电视剧。

（4）他已经演过很多电视剧。

例（3）（4）虽然都表示"实现"，但例（3）"已经"与词尾"了"共现，是纯粹的"实现体"，表示"演很多电视剧"已经为事实；例（4）则是一种复合态，以"已经"为标记的"实现体"包蕴以"过"为标记的"经历体"（实现［经历］），表示"演很多电视剧"这样的经历已经成为事实。

总之，"曾经"强调了过去的经历，"已经"则强调了"实现"而具有了"现时相关性"，因此，例（3）（4）"他"可能还会继续演电视剧，而例（1）（2）如果没有特别说明，则表示"他"现在已经不演电视剧了。

48. 为什么"他去过美国了"中"过"可以和 句末"了"共现？

根据前述（参见问题47），尽管汉语态制的表达形式以简单态为主，但也存在少量由这些简单态组合而成的复合态。汉语复合态在有限受控条件下递归生成的规律，其中一条便是：两种简单态同属于"完全态""非完全态""将行态"中的一个子系统时，可以复合，例如：

（1）他曾经上了三年小学。

（2）我已经研究过这个问题了。

构成复合态的简单态之间有一定的层级关系，其中最外层的体标记决定了整个句子的"态"（体意义）。如例（1）"曾经［上了三年小学］"是"经历体"包蕴了"实现体"，即"经历［实现］"；例（2）"已经［研究过这个问题］了"是

"实现体" 包蕴了 "经历体"，即 "实现 [经历]"。

同样，"他去过美国了" 句中 "过" 和句末 "了" 二者可以共现，表达的是 "他去过美国" 是一个事实，同时强调发生过的事件对现在的影响（即言者认为听者可能不知道，向听者传递了这么一种新情况、新信息）。

但是 "了" 和 "过" 二者共现时，只能是 "V 过（NP）了"（他去过美国了），即 "实现 [经历]"，而不能相反，不存在 "V 了（NP）过"（* 他去了美国过）这种表达。这是因为 "过" 只能附着在谓词词尾，而具有 "实现体" 标记功能的语气词——句末 "了" 则可以处于句子的最外层。如果要表达 "经历 [实现]"，得使用 "曾经" 而不能使用 "过"，同时，得使用词尾 "了" 而不能是句末 "了"，如例（1）。又如：

（3）他曾经在美国待了三年。

例（3）表示他曾经历过 "在美国待了三年" 这么一个事实。

49. 为什么 "他就要走了" "快要考试了" 中 "就要" "快要" 可以和句末 "了" 共现？

实际上，"他就要走了" "快要考试了" 这样的句子也属于一种复合态，是 "实现体" 包蕴了 "将行体"（即 "实现 [将行]"）。从时制上来看，"他就要走了" "快要考试了" 还是属于现在时，是现在的 "实现"，即以现在（说话时间）为参照，"他就要走" "快要考试" 已经成为了事实（注意不是 "走" "考试" 成为了事实）。"他就要走了" "快要考试了" 应该分别分析为 "[他就要走] 了" "[快要考试] 了"。再如：

（1）我们就要放假了。

（2）小王快要结婚了。

（3）要下雨了。

例（1）（2）（3）也都是属于 "实现 [将行]" 复合态，表示在说话时间，"我们就要放假" "小王快要结婚" "要下雨" 已经成为了事实。

也有学者认为"他就要走了""快要考试了"这样的句子也可表示将来的实现。如果认为是将来的实现，那么"他就要走了""快要考试了"应该分别分析为"他就要［走了］""快要［考试了］"，属于"将行［实现］"复合态。那么问题是，"他就要走了""快要考试了"这样的句子到底可不可以做"实现［将行］"和"将行［实现］"这样的可逆分析？我们认为不可以。我们以"他就要走了"为例，为了能够看清楚"他就要走了"中"了"的辖域，我们对这一格式进行了放大（扩展）。我们可以说：

（4）a.［他就要走很长一段路］了。

　　　b.［他就要走上去］了。

但是不能说：

（5）a.* 他就要［走了很长一段路］。

　　　b.* 他就要［走了上去］。

尽管"走了很长一段路""走了上去"本身是可以说的，但是如果其外层再加上一个"将行态"标记就不能说，如例（5a）（5b）便是不合格的句子。也就是说，汉语没有"将行体"包蕴"实现体"（即"将行［实现］"）这样的复合态。又如：

（6）a. 我们快要走一个小时了。

　　　b. 我们走了快要一个小时（了）。

　　　c.* 我们快要走了一个小时。

例（6a）（6b）都是"实现体"包蕴了"将行体"，表示"走"这个行为"快一个小时"成为了事实（"实现［将行］"）。

因此，"他就要走了"中的"了"事实上是句末"了"，而不可能是词尾"了"。

一般认为句末"了"是兼有"实现态"标记功能的语气词，是通过左向作用于整个句子来完成对事件状态的标记，即所有与谓词（述语）相关的成分（包括论元成分和状语、补语等修饰成分）都在句末"了"的统辖范围内，"了"所标记的"实现态"始终处于最外层。这与词尾"了"不同，后者作用于谓词本身来完成对事件状态的标记。

50. 为什么"他已经在做作业了"中"在"可以和句末"了"共现？

根据前述（参见问题 47），尽管汉语态制的表达形式以简单态为主，但也存在少量由这些简单态组合而成的复合态。不过，构成复合态的简单态之间往往有一定的层级关系，其中最外层的态标记决定了整个句子的"态"。杨国文（2001）参照英语的复杂时态生成系统，系统描述了汉语复合态在有限受控条件下的递归生成过程，文中总结出了若干条规律，其中一条便是："完全态"与"非完全态"复合，首先生成的应是"非完全态"，然后与"完全态"复合，比如"［打起来］了"（实现［起始］）。

杨国文总结出来的"完全态"与"非完全态"递归复合的规律是符合语言事实的。只要是"完全态"与"非完全态"的递归复合，一定首先生成"非完全态"，然后与"完全态"复合，没有反例。比如："［一直在家］来着"属于"近经历［长持续］"复合形式，"［坐着］来着"属于"近经历［持续］"复合形式，"已经［在吃］了"属于"实现［动作持续］"复合形式，"已经［打起来］了"属于"实现［起始］"复合形式。这些双态复合形式都是不可逆的，即不可能有"长持续［近经历］""持续［近经历］""动作持续［实现］""起始［实现］"这样的复合形式。例如：

（1）a. 他已经［在做作业］了。

　　　 b.* 他在［做了作业］。

（2）a. 他曾经［长期主持汉语会话讲座］。

　　　 b.* 他长期［主持过汉语会话讲座］。

例（1a）（2a）可以接受，是因为其"复合态"的生成过程分别是"实现［进行］"（"已经……了"所标记的"实现体"包蕴了"在"所标记的"进行体"）、"经历［长持续］"（"曾经"所标记的"经历体"包蕴了"长期"所标记的"长持续体"），这完全符合"复合态"递归生成的规律,即首先生成的是"非完全态",然后与"完全态"复合。

例(1b)(2b)不可以接受,正是因为句中词尾"了"和"过"只能分别直接作用于谓词"做""主持"本身,首先生成的是"完全态",然后与"非完全态"复合,因而这种复合过程并不符合"复合态"递归生成的规律。

例(1a)可以接受,例(1b)不可以接受,这也正好说明:进行体标记"(正)在"可以跟句末"了"以及表"实现体"的副词"已经"在一个小句内共现,从而构成一个复合态,而不可能与词尾"了"(表"实现体"的动态助词)在一个小句内共现。

例(2a)可以接受,例(2b)不可以接受,则正好说明:表"经历体"的副词"曾经"可以包蕴另一种体标记(比如"长持续体"标记"长期"),从而构成一个复合态,而表"经历体"的动态助词"过"不可能再包蕴另一个体标记。

综上,我们还可以进一步得出结论:词尾的动态助词(体标记)"了""过"等无法再包蕴另一种体标记,而与之具有同样体标记功能的副词"已经""曾经"等,以及句末"了",都可以包蕴另一种体标记。(参见邵洪亮,2023)

51. 为什么"幸亏没扔了它"中"没"可以和词尾"了"共现?

"没"是对某种事实(事或物客观存现)的否定,涉及事或物的"有"与"无",是一种客观否定。句末"了"是"申明"某个动作行为(事件)成为事实(提供一个新信息、新情况)。"没"和句末"了"的语法意义正好对立,因此,"没"不能跟句末"了"共现(参见后文问题57),但是在特定的条件下,"没"也可以跟句末"了"共现(参见后文问题52、53)。

一般认为,"没"不可以和词尾"了"共现,因为"没"对行为存现的客观否定跟词尾"了"的"实现体"标记功能(表示某种行为成为一种事实)也是相互抵牾的。例如:

（1）a.* 我没吃了苹果。

　　 b. 我没吃苹果。

（2）a.* 他没去买了衣服。

　　 b. 他没去买衣服。

但是，当 "没" 后的动词短语是一个引述性成分，即整个句子是一种引述性否定（也称 "元语否定"）时，"没" 和词尾 "了" 是可以共现的。例如：

（3）——如果扔了它就麻烦了。

　　 ——幸亏没扔了它。

有时言者对某种预期的否定与引述性否定类似，这种情况下 "没" 和词尾 "了" 也可以共现。

"幸亏没扔了它" 中 "没" 可以和词尾 "了" 共现还有另外一种解释。有学者将 "幸亏没扔了它" 中的 "了" 看作是一个补语成分，相当于 "掉"，表示动作的结果。而结果补语是可以跟 "没" 共现的，例如：

（4）幸亏没扔掉它。

既然结果补语可以跟 "没" 共现，那么，作为结果补语的 "了" 跟 "没" 共现也就可以解释了。

52. 为什么 "他一连三天没来上课了" 中 "没" 可以和句末 "了" 共现？

前面（问题 51）已经说过，"没" 是对某种事实的否定，即对某种事或物客观存现的否定，句末 "了" 则是申明某个动作行为（事件）成为事实（提供一种新信息、新情况）。"没" 和句末 "了" 的语法意义正好对立，因此，"没" 不能跟 "了" 共现（参见后文问题 57）。但在特定条件下，如 "没" 前有数量短语时，"没" 便可以跟句末 "了" 在一个句子中共现。例如：

（1）他一连三天没来上课了

（2）他已经两天没洗澡了。

（3）我一上午没喝水了。

事实上，例（1）～（3）中的"没"是对"来上课""洗澡""喝水"这些行为的存现的客观否定，而其中的"了"则是对"三天（没来上课）""两天（没洗澡）""一上午（没喝水）"这些事实的申明，即"没"否定的行为跟"了"申明的事实不是一回事。把例（1）～（3）分别变换成以下的例（4）～（6），就会看得更加清楚。

（4）他没来上课，已经一连三天了。

（5）他没洗澡，已经两天了。

（6）我没喝水，已经一上午了。

53. 为什么"后来他再也没出现了"中"没"可以和句末"了"共现？

前面（问题51、52）已经说过，"没"是对某种事实的否定，是一种客观否定，句末"了"是申明某个动作行为（事件）成为事实（提供一种新信息、新情况）。"没"和"了"的语法意义正好对立，因此，"没"不能跟"了"共现。但在特定条件下，"没"又可以跟"了"在一个句子中共现。问题52主要涉及"没"前有数量短语时，"没"可以跟句末"了"共现的情况。事实上，当"没"前有"再也"，它也可以跟句末"了"共现。例如：

（1）后来他再也没出现了。

（2）毕业分手后，他俩就再也没见过面了。

同理，例（1）～（2）中的"没"是对"出现""见面"这些事存现的客观否定，而其中的"了"则是对"再也（没出现）""再也（没见过面）"这些事实的申明，即"没"否定的行为跟"了"申明的事实也不是一回事。

54. 为什么一般情况下 "我买了一本书" 中 宾语 "书" 前要加上数量词？

"了" 具有 "实现体" 的标记功能，其本质上是 "在连续的时间流程当中，选取某段界限内的情状加以完整观察"（陈忠，2006：545）。"了" 的使用 "实际上就起着动作界化的作用"（张济卿，1998），因此，凡是用 "了"，都 "能使无界概念变为有界概念"（参见沈家煊，1995），或者与其他具有 "界限" 特征的成分组配同现强化 "界限"。这样看来，"了" 的使用与 "有界" 特征的严格对应也就不足为奇了。

根据以上所述，"V 了" 后面的宾语往往是一个有界成分。光杆名词本身是无界的，其前加上了数量短语后就成了有界成分。例如：

（1）*a. 我买了书。

　　　b. 我买了一本书。

例（1a）接受度较低，是因为光杆名词 "书" 是一个无界成分。除非在上下文特定的语境下，"书" 已经定指化（听者知道言者所说的 "书" 是什么书）或者指别化（言者的目的旨在让听者把书与其他物品区分开来，即我不是买别的东西），否则在一般情况下是不合格的句子。例（1b）"书" 前加上了数量短语，已经有界化，因而是一个合格的句子。名词性成分的有界化不一定非得加数量短语，还可以添加其他定语。例如：

（2）*a. 他一口气干完了啤酒。

　　　b. 他一口气干完了一瓶啤酒。

　　　c. 他一口气干完了杯中的啤酒。

（3）*a. 他吃了鱼和牛肉。

　　　b. 他吃了一些鱼和牛肉。

　　　c. 他吃了妻子为他准备的鱼和牛肉。

55. 为什么一般情况下"我买了书了"中句末"了"要出现?

如果"V 了"后面的宾语前没有数量短语或其他定语,那么需要使用句末"了"才能成句,这是因为句末"了"具有"申明"语气功能,从而具有了"现时相关性",事实上对"V 了"后面的宾语起到了定指化或者界化的作用。这种句子的功能是传达某种新信息、新情况,以期引起注意。例如:

(1)我买了书了。

(2)我们吃了晚饭了。

(3)我喝了药了。

例(1)旨在传递"你不要给我买了""我不再买了"等信息,例(2)旨在传递"我们不再吃了""你不用给我们做了"等信息,例(3)旨在传递"你放心吧""我得休息了"等信息。

如果"V 了"后面的宾语前既没有数量短语或其他定语,也没有使用句末"了",就很难独立成句,必须再带一个动词性短语或者分句,表示第二个动作行为紧跟第一个动作行为后发生。这种情况常构成"V_1+了+宾语$_1$+就+V_2+宾语$_2$"形式,这时的"V_1+了"常常作为"V_2+宾语$_2$"得以实现的一个前提条件,表达的是未然的先后关系或惯常规律性的先后关系,说明 V_2 的发生紧接在 V_1 实现之后。例如:

(4)我买了书就回学校。

(5)晚上我们吃了饭就去看电影。

(6)你到了北京打个电话给我。

(7)他每天在家吃了早饭去上班。

例(4)~(6)是未然的先后关系,例(7)是惯常规律性的先后关系。

要使"V_1+了+宾语$_1$+就+V_2+宾语$_2$"格式表示已然的事实,需要在 V_2

后再添加一个 "了"。例如：

（8）他到了北京打了个电话给我。

56. 为什么 "我明天晚上再去看他了" 中 "再" 可以和句末 "了" 共现？

副词 "再" 和 "又" 都可以放在动词前边做状语，表示动作行为的重复。不同的是，"再" 表示未然的重复（尚未重复的动作或情况）或惯常性的重复，"又" 表示已然的重复（已经重复的动作或情况）。因此，一般认为，"再" 不能在肯定句中跟 "了" 共现，"又" 则可以在肯定句中跟 "了" 和谐共现。例如：

（1）今天我去她家看她了，明天我想再去一趟。

（2）高中三年，我们要一直努力，努力，再努力！

（3）他昨天来看我了，今天又来了。

（4）我上个周末去看了场电影，这个周末又去看了一场。

事实上，"再" 表示未然的重复时，有两种不同的情况：

第一种是之前的动作行为已经实实在在地发生过，已经实现了，如例（1）。陆俭明、马真（1999）将这种情况称为 "实在的重复"。又如：

（5）刚才这一遍你弹得还不是太熟练，你再来弹一遍。

（6）小明读得很好，我再请一位同学读一下。

第二种是之前的动作行为因各种原因尚未实施，或者虽已实施却未达到预期的效果或目标，因此，需要重新实施，旨在最终能够实现预期的目标。陆俭明、马真（1999）将这种情况称为 "空缺的重复"。例如：

（7）没座位了吗？不要紧，我们明天再来看了。

（8）这次司法考试没有通过，只好下回再考一次了。

不难看出，当 "再" 用于 "空缺的重复" 时，"再" 便可以和句尾 "了" 共现。这种情况下，句子的重音落在 "再" 之前，这跟 "实在的重复" 重音落在 "再" 或者 "再" 后面的某个音节上有所不同。此时的句尾 "了" 重在申明一种新信息，如例（7）（8）分别传递"明天（来看）了""下回（考）了"这样一种新信息，焦点落在"再"前的部分，其"实现体"标记功能淡化。

综上分析，"我明天晚上再去看他了"这个句子中，之所以"再"和"了"可以共现，是因为此句的"再"是一种"空缺的重复"。如果给出的语境是"实在的重复"，那么"再"跟"了"就不能共现。例如：

（9）a. 今天看的这部电影太好看了，我们想明天再来看一遍。

　　　b.* 今天看的这部电影太好看了，我们想明天再来看一遍了。

第四部分　偏误与原因

57.　为什么不能说"他今天没来上课了"？

　　"没"是对某种事实（事或物的客观存现）的否定，涉及事或物的"有"与"无"，是一种客观否定。句末"了"表示"申明"某个动作行为（事件）成为事实（提供一种新信息、新情况）。"没"和句末"了"的语法意义正好对立。因此，一般认为"没"不能跟句末"了"共现。例如：

　　（1）＊他今天没来上课了。

　　（2）＊他昨天没做作业了。

　　如果要以最少的改动将例（1）（2）这样的病句改成正确的句子，有两种方式：

　　第一，将句末"了"删除。例如：

　　（3）他今天没来上课。

　　（4）他昨天没做作业。

　　第二，如果句子表达的是现在或将来的情况，那么可以将"没"改为"不"。但如果句子表达的是过去的情况，那么其中的"没"即使改为"不"也是不正确的。例如：

　　（5）他今天不来上课了。

　　（6）＊他昨天不做作业了。

　　根据前面（问题34）所述，"没"是一种存现否定、客观否定，涉及对事或物"有与无"的叙述，"不"则是一种性质否定、主观否定，涉及对事或物"是与非"的判断。如果主语是具有意志的施动者，那么"不"也表示其后面的动作行为是不符合该施动者的意愿的。因此，"他今天不来上课了"旨在传达"他今天不来上课"这么一个新信息、新情况。当然，如果将"他今天不来上课了"中的"了"删除，变为"他今天不来上课"，句子也是成立的，但只是一般的陈述，没有"申明"的语气。"他今天不来上课"与"他今天没来上课"在语义上也有所不同，前者是对主体（他）的意愿的一种主观否定，后者是对行为存现的客观否定。

事实上，由于主语"他"本身是可以言语的人，例（5）在某种情况下也有可能是一种引述性用法。比如，"他"之前电话里告诉过言者"今天不来上课"，那么言者将之转述给老师时就是一种引述。这种情况，只能发生在主语是人的情况下，如果主语是无法言语的动物或事物，那么就不存在引述的可能性，只能是基于言者自身的一种主观判断了。

58.　为什么不能说"昨天的作业我还没有做了"？

前文（问题 51、52、53、57）中都已指出，"没（有）"是对事实存现的否定，是一种客观否定，句末"了"则表示"申明"某个动作行为（事件）成为事实（提供一种新信息、新情况）。"没"和"了"因二者语法意义的对立而不能共现。例如：

（1）＊昨天的作业我还没做了。

（2）＊我还没给妈妈打电话了。

如果要以最少的改动将例（1）（2）这样的病句改成正确的句子，有两种方式：

第一，将句末"了"删除。例如：

（3）昨天的作业我还没做。

（4）我还没给妈妈打电话。

第二，将句末的"了"换成语气词"呢"。

（5）昨天的作业我还没做呢。

（6）我还没给妈妈打电话呢。

例（3）（4）与例（5）（6）基本语义是一致的，但语气不同。例（5）（6）中的"呢"表"确认"（含夸张语气，旨在让对方信服），其中，例（5）是对"我没做作业"的确认，例（6）是对"我没给妈妈打电话"的确认。"还没（有）……呢"在确认事件尚未实现（包括尚未开始或完成）的同时，含有本该实现但未实现而令言者"感到有些着急"的语气。

此外，还可以将例（1）中的"了"改为结果补语"完"，但"还没做（呢）"跟"还没做完（呢）"在意义上是不同的，前者表示还没开始做，后者表示还没做完。

59.　为什么不能说"他什么时候来了"？

前文（问题3）中，我们已经指出，不管词尾"了"还是句末"了"，都跟"体"有关，跟"时"无关，它既可以是过去的实现，也可以是现在的实现或将来的实现。"了"如果表示将来的实现，则须用于非现实句。例如：

（1）明年的这个时候，他已经毕业了。

（2）如果他明年考上了大学，做父母的就安心了。

（3）明天你到了上海就给我打电话。

例（1）"他已经毕业了"是对将来实现的一种虚拟表达，为非现实句；例（2）"做父母的就安心了"的用法同样如此，该句实现的前提为"他明年考上大学"；而例（3）"你到了上海"是实施其他行为的前提条件。一般情况下，表"将来"时，句子中不能使用"了"。针对"他什么时候来了"这样的病句，可以有两种修改方式：

第一，如果询问尚未发生（实现）的事情，可以将句末"了"删除。例如：

（4）他什么时候来？

（5）他什么时候毕业？

第二，如果询问已发生的一些具体细节（包括时间、地点、人物、方式、工

具、材料等），可以将表"申明"的语气词"了"改为表"确认"的句末语气词
"的"。例如：

（6）他（是）什么时候来的？

（7）他（是）什么时候毕业的？

前文（问题31）中，我们已经指出，作为语气词的"了"和"的"均具有
传递信息功能，但二者在语气上各有侧重。其中"了"侧重表示对已然事实的申
明（告知一种新信息、新情况），而"的"侧重表示对已然事实的确认。所谓的
"申明"和"确认"的区别也就是叙述与判断这两种言语行为的区别。倘若言者
假定听者对事实不知情，则运用叙述的方式加以申明（告知）；倘若言者假定听
者对事实有所知，但对这一事实或事实中的某些细节（包括时间、地点、人物、
方式、工具、材料等）不清楚或有所误解，则运用判断的方式加以确认。表确认
的"的"字句中还可以添加焦点标记——语气副词"是"，也可以有一个焦点重
音，并且"是"的位置或者重音的位置决定了句子的焦点（即需要确认的细节）
是什么。如例（6）与（7），确认的是事实中的时间细节。

60. 为什么不能说"我们看电影了再回宿舍吧"？

前面（问题1）中，我们已经指出词尾"了"在句中的位置，即词尾"了"
要依附于谓词之后。这里的"谓词"除了动词、形容词之外，也包括动补短语中
结合较为紧密的动趋式或动结式短语。例如：

（1）小王得到了一次学习的机会。

（2）山上的枫叶红了一大片。

（3）对面走来了一个人。

（4）我吃完了一笼包子。

（5）会议讨论并通过了一项决议。

例（1）～（4）中的词尾"了"分别依附于动词、形容词、动趋式和动结式
之后。至于例（5）中的词尾"了"究竟是依附于谓词性并列结构"讨论并通过"

之后还是动词 "通过" 之后，这完全可以做两可理解。

词尾 "了" 所依附的述补结构主要是动趋式或动结式，这是因为动趋式或动结式中的动词与补语的关系更为紧密，在形式上不宜被分隔开来。

相对而言，动宾结构内部关系比较松散，词尾 "了" 不能置于动宾结构宾语的后面。例如：

（6）＊我们看电影了再回宿舍吧。

要以最少的改动将例（6）这样的病句改成正确的句子，且保持原义不变，只要将 "了" 前移，置于核心动词 "看" 之后、宾语 "电影" 之前便可以了。例如：

（7）我们看了电影再回宿舍吧。

例（7）中的词尾 "了" 只是指示了 "看电影" 与 "回宿舍" 这两个动作行为之间的先后关系，并不是手段与目的关系，加上，句中的 "再" 指出这是一个非现实句，即 "回宿舍" 只是一个计划，而非实现了的事实，反映的是计划中的未然行为。因此，词尾 "了" 只能出现在 V_1 "看" 之后，而不能出现在 V_2 "回" 之后。

61. 为什么不能说 "明天晚上我们吃晚饭了就去看电影"？

前面（问题 60）我们已经对词尾 "了" 的位置进行了说明，即词尾 "了" 要依附于谓词之后。这里的 "谓词" 除了动词、形容词之外，也包括动补短语中结合较为紧密的动趋式或动结式短语。至于 "会议讨论并通过了一项决议" 中的 "了" 究竟是依附于谓词性并列结构 "讨论并通过" 之后还是动词 "通过" 之后，可以再另行深入讨论。

"明天晚上我们吃晚饭了就去看电影" 这个句子之所以出现偏误，也是由于句中词尾 "了" 要与动词紧密结合，"了" 要置于核心动词 "吃" 之后，而不能置于整个动宾结构 "吃晚饭" 之后，所以正确的句子应为：

（1）明天晚上我们吃了晚饭就去看电影。

同时，例（1）中的词尾"了"提示了"吃晚饭"与"看电影"这两个行为之间的先后关系，表示后一个行为将在前一个行为实现后立即发生，句子中的"就"凸显了这种前后相继的承接关系。又如：

（2）明天我下了课就去医院。

（3）下个星期我考了试就回国。

例（2）（3）中"下课""考试"分别是动宾式离合词、并列式离合词，词尾"了"需要插入离合词"下课""考试"的中间。例（2）（3）均表示将来的实现，为非现实句，"去医院""回国"是一个计划，而非实现了的事实，故句末"了"一般不能出现。要注意与以下句子的区分：

（4）昨天晚上我们吃了晚饭就去看电影了。

（5）昨天我下了课就去医院了。

（6）上个星期我考了试他就回国了。

例（1）～（6）中的词尾"了"仅仅指示句中两个动作行为之间的先后关系，即 V_1 实现了以后再实施 V_2。如果 V_1 动作行为实现的同时也是动作行为全程的结束，那么 V_1 后的词尾"了"也可用表示完成的结果补语"完"进行替换，句子基本语义不变，如例（1）（3）（4）（6）。

62.　为什么不能说"她休息一天了就来上课了"？

关于词尾"了"在句中的位置，我们已经在前面（问题 60、61）指出，词尾"了"要依附于谓词（这里的"谓词"除了动词、形容词之外，也包括动补短语中结合较为紧密的动趋式短语或动结式短语）之后，此外，词尾"了"还可置于谓词性并列结构之后。例如：

（1）我吃了两个苹果。

（2）水位深了一米。

（3）他从地上捡起了一片树叶。

（4）我写完了今天的作业。

（5）我们调查并研究了这个计划的可行性。

词尾 "了" 不仅不能置于动宾结构的宾语之后，也不能置于动补结构的时量补语之后。例如：

（6）*他休息一天了就来上课了。

此句中的词尾 "了" 要移至核心动词 "休息" 之后。正确的句子应该是：

（7）他休息了一天就来上课了。

又如：

（8）他自学了一个月汉语就来中国了。

例（7）（8）中的 "休息" 与 "上课" "自学汉语" 与 "来中国" 都具有前后相继的关系，需要注意的是，例（7）（8）中的句末 "了"，是言者认为听者不清楚 "他休息了一天就来上课" "他自学了一个月汉语就来中国" 这样的事实，故将之作为一种新信息、新情况告诉听者，具有 "申明" 语气功能。

63. 为什么不能说 "他周末经常去酒吧喝酒了"？

"经常" 是一个时间副词，用在动词之前表示动作行为的经常性、惯常性、反复性。经常性、反复性的动作行为在长时间内是稳定不变的，且难以确定终止点，也不存在所谓的从无到有的界变或者阶段性的界变。此类动作行为是无界（无起点和终点）的持续体。而 "了" 作为实现体标记，可以表示动作行为从无到有的实现，也可以表示动作行为阶段性的实现，更多地表示整个动作行为过程的实现，即动作行为已经完成。因此，"经常" 类时间副词表示的持续体与 "了" 标记的 "实现体" 标记功能无法兼容。因此，"他周末经常去酒吧喝酒了" 是一个偏误句，需要删除其中的句末 "了"，改为 "他周末经常去酒吧喝酒"。

除了 "经常" 之外，"常常" "往往" "一直" "总是" "有时" 等时间副词、"每+时量词"（如每天、每日、每周、每月、每年）等时间短语，以及 "一到+时间名词+就+VP/AP"（表惯常行为或状态）等结构形式（如 "一到冬天就感冒"），一般也都无法与"了"组合。

但是在特定的条件下，这些表示惯常性的时间词语也可以跟句末"了"组合，以"申明"一种新信息或者新情况。主要有以下两种情况：

第一种是，在句子中添加了表示时间点的词语，以该时间点作为参照时间，则这些表示惯常性的时间词语就有与句末"了"共现的可能性。例如：

（1）他每个周末晚上六点就去酒吧喝酒了。（以周末的"晚上六点"为参照时间来看，"他去酒吧喝酒"这件事已实现）

（2）因为我练气功，所以每天五点多就起床了。（以每天的"五点多"为参照时间，"我""起床"这个动作行为已实现）

通过例（1）（2）不难发现，副词"就"的隐现，也直接关系着句子能否成立。若将"就"删去，句子则不能成立。例如：

（3）*他每个周末晚上六点去酒吧喝酒了。

（4）*因为我练气功，所以每天五点多起床了。

倘若保留"就"，删去表示时间点的词语，句子依然无法成立。例如：

（5）*他经常周末就去酒吧喝酒了。

（6）*因为我练气功，所以每天就起床了。

综上所述：惯常性的时间词语与"了"共现的句法结构条件是"惯常性时间词／短语＋具体的时间点＋就＋动词＋了"。结构中的"就"表示主观小量，强调说话人认为动作行为发生的时间很早。

第二种情况是，这种惯常性的行为不同于以前的惯常性行为，即相对于以前来说是一种新的情况和变化，这种情况下句中的惯常性时间词语也可以跟句末"了"共现了。例如：

（7）以前每到周末他都会跟朋友聚会，现在（每到周末）他都陪孩子学习或者运动了。

64. 为什么不能说 "他属于了老一辈艺术家"?

关系动词不表示行为动作意义，主要表示前后成分之间的关系。关系动词主要包括 "是" "姓" "属" "属于" "归" "靠" "等于" "像" "不如" 等。同时，关系动词也是黏宾动词，其后必须带上宾语。例如：

（1）我姓王。

（2）他属兔。

例（1）（2）中的关系动词 "姓" "属" 分别带上了宾语 "王" "兔"，构成关系句。此外，关系动词一般多与表时段的时间词语连用，例如：

（3）在父母眼里，我们永远是孩子。

（4）一向属于老好人的她，怎么突然在众人面前发飙了？

（5）生产资料长期归资本家所有。

需要注意的是，"是" "属于" "像" 等表示关系的动词一般不能和词尾 "了"、句末 "了" 组配。据此，问题中的 "他属于了老一辈艺术家" 应改为 "他属于老一辈艺术家"，又如：

（6）＊他是了老师。

（7）＊这个人姓了王。

例（6）例（7）中的词尾 "了" 使用不正确，应改为 "他是老师" "这个人姓王"。

不过，在教学中没有必要特别指出 "是" "姓" 等表示关系的动词不能和表 "实现体" 的词尾 "了" 组合，因为学习者在一般情况下不会造出 "他属于了老一辈艺术家" 以及例（6）（7）这样的偏误句。这可能与学习者对 "是" "姓" 类词的语义范畴和 "了" 所表达的语法意义的认识有关，学习者认为二者不能组合，即关系动词后不能添加一个单纯表示 "实现体" 的词尾 "了"。

需要注意的是，有时在特定条件下，为了 "申明" 一种新情况、新信息，可

以使用句末"了"。例如:

(8)(以前他是学生,)现在他是老师了。

(9)这个人原来姓张,后来他妈妈改嫁了,他就跟了继父的姓,改姓王了。

(10)这么多年一路走来,他现在也已经属于老一辈艺术家了。

因此,教师只有在这种语境条件下,才有必要跟学生指出要使用句末"了",以免学习者为了表达这种变化,将句末"了"误用为词尾"了"而产生偏误。

不过,我们确实也发现了"姓 + 了"的语料。崔山佳(1995)指出,在近代汉语中,"姓 + 了"的用法似乎比现代汉语更为常见。尽管如此,"姓 + 了"的使用还是受到一定的限制,其出现的语境一般都是前文铺垫了变化的因,后面再出现与之对应的果,"姓 + 了"强调了变化和结果。

65. 为什么不能说"我们已经开始了学习第二十六课"?

除了关系动词(参见问题64)以外,表示动作起点的动词"开始"(义为"着手进行""开始做"),如果后接谓词性宾语,"开始"后也不能使用词尾"了",因而以下句子都是不正确的:

(1)* 我们现在开始了上课。

(2)* 我们已经开始了学习第二十六课。

(3)* 因为感到孤独,我开始了给妈妈打电话。

针对例(1)(2)(3)的偏误句,可以有两种修改方式。

一是,删除词尾"了",变为:

(4)我们现在开始上课。

(5)我们已经开始学习第二十六课。

(6)因为感到孤独,我开始给妈妈打电话。

二是,将"了"移至句末,使词尾"了"变成句末"了"。具体为:

(7)我们现在开始上课了。

（8）我们已经开始学习第二十六课了。

（9）因为感到孤独，我开始给妈妈打电话了。

例（4）～（6）与例（7）～（9）的基本语义是一致的（均表示某种行为从无到有的实现），差别主要在语气上。例（7）～（9）因为添加了句末"了"，其对于新情况的"申明"语气功能更加强烈，因而更具实时交互性。

值得注意的是，当动词"开始"独用或后接名词性宾语、时量补语时，其后又可以使用词尾"了"或句末"了"。例如：

（10）精读课已经开始了。

（11）新的一年开始了。

（12）前面一个课题刚结项，他又开始了一项新的课题。

（13）电影开始了半小时他才来。

（14）电影开始了半小时了。

例（10）（11）中的"开始"独用，其后的"了"可以认为是句末"了"（因为具有"申明"语气功能）；例（12）中的"开始"后接一个名词性宾语，"开始"后附了词尾"了"；例（13）（14）中的"开始"后接一个时量补语，其中例（13）"开始"后附了词尾"了"，例（14）既在"开始"后添加了词尾"了"，同时又在句子末尾使用了句末"了"。

66. 为什么不能说"他答应了参加比赛"？

"答应"作为一个三价动词，一般要求与三个论元相关联（即"谁答应谁什么"）。例如：

（1）他答应我们参加比赛。

（2）他答应我辅导我英语。

例（1）（2）中的"答应"相当于后接了一个双宾语，远宾语（直接宾语）是一个谓词性宾语VP。其中，主语"他"为"答应"的施事，近宾语（间接宾语）"我们""我"为"答应"的受事，远宾语"参加比赛""辅导我英语"则可以看作是"答应"的与事成分。

"答应"后的受事成分常常可以在语境中省略，故这两个句子也可以说成：

（3）他答应参加比赛。

（4）他答应辅导我英语。

例（3）（4）中的"答应"相当于后接了一个谓词性宾语。

"答应"本身已经包含结果义，其后一般不需要再添加词尾"了"。因此，以下两个句子都可以视为偏误句：

（5）* 他答应了参加比赛。

（6）* 他答应了辅导我英语。

如果将例（5）（6）中的"了"移至句末，将词尾"了"改成句末"了"，句子也就正确了：

（7）他答应参加比赛了。

（8）他答应辅导我英语了。

例（3）（4）与例（7）（8）的基本语义是一致的，差别主要在语气上。例（7）（8）因为添加了句末"了"，其对于新情况的"申明"语气功能更加强烈，因而更具实时交互性。

值得注意的是，"答应"后的与事成分也可以在语境中省略，只保留一个受事成分，甚至"答应"后的受事成分和与事成分也可一并省略，即"答应"可以在句中独用。当"答应"后接一个受事成分（名词性成分）或者当"答应"独用时，其后便可以使用词尾"了"或句末"了"。例如：

（9）他答应了。

（10）他答应了我。

（11）他答应了我的请求。

（12）他答应我的请求了。

例（9）中的"答应"独用，其后的"了"可以认为是句末"了"（因为具有"申明"语气功能）；例（10）中的"答应"后接受事成分"我"，"答应"后添加了词尾"了"；例（11）中的"答应"后接一个名词性宾语，"答应"后添加了词尾"了"；例（12）与例（11）的差别主要还是在语气上，例（12）添

加了句末 "了"，其对于新情况的 "申明" 语气功能更加强烈，因而更具实时交互性。

与 "答应" 近义的动词 "同意" 跟 "了" 的共现情况与 "答应" 基本一致。例如：

（13）* 领导同意了我们参加比赛。

（14）领导同意我们参加比赛。

（15）领导同意我们参加比赛了。

（16）领导同意了。

（17）领导同意了我们的要求。

（18）领导同意我们的要求了。

67. 为什么不能说 "昨天我去了看她"？

在第一个动词为趋向动词的连动句式中，趋向动词往往不是句子的语义重心所在，句子的语义重心一般落在第二个动词短语上，因为它是动作行为的目的。因此，如果趋向动词没有后接处所宾语并且不是语义重心时，其后一般不使用 "了"，"了" 要放在第二个动词后或者句末。例如：

（1）a.* 昨天我去了看她。

　　　b. 昨天我去看了她。

　　　c. 昨天我去看她了。

（2）a.* 他来了上海留学。

　　　b. 他来上海留学了。

（3）a.* 他回了国看望父母。

　　　b. 他回国看望了父母。

　　　c. 他回国看望父母了。

但在特定语境下，当信息焦点落在趋向动词后面的处所宾语上时，趋向动词后边也是可以使用 "了" 的。例如：

（4）——昨天你们去了哪儿参观？

　　　——我们去了上海博物馆参观。

（5）——你昨晚又去看她了？

　　　——是的，昨晚我去了她单位看她。

词尾"了"在句中所具备的语用功能，是"可以凸显所在区域的信息重心，提高所在区域的信息量"（陈忠，2006：554）。因此，词尾"了"出现在不同位置，会对连动式内部的信息焦点产生一定的影响。换言之，如例（4）（5）答句中词尾"了"所在区域的符号信息量的增加（添加了处所宾语"上海博物馆""她单位"等），正是显示了其信息重心的地位。

68. 为什么不能说"他打了电话叫一辆车"？

这个问题也涉及连动式中词尾"了"的在多项动词后的位置问题。（参见问题 28）

一般要求词尾"了"置于 V_2 后的，有以下两种情况：

第一，如果 V_2 表示目的，词尾"了"置于 V_2 之后。这是因为目的既已达到，那么为实现目的而进行的动作当然会先于目的的实现而实施。例如：

（1）大家上街买了一些当地的土特产。

（2）她去超市买了一些苹果。

第二，如果 V_1 表示方式、工具、手段、原因等，词尾"了"置于 V_2 之后。这是因为 V_1+O_1 实际上只相当于一个状语。例如：

（3）我们从坝顶乘电梯下了大坝。

（4）我利用假期参观了上海博物馆。

一般要求词尾"了"置于 V_1 后的，也有以下两种情况：

第一，如果 V_2 表示结果，词尾"了"一般置于 V_1 之后。例如：

（5）老师傅听了哈哈大笑。

（6）看到了这么漂亮的风景，我顿时感到心旷神怡。

第二，如果 V$_1$ 和 V$_2$ 表示先后发生的动作，二者又没有明显的手段和目的的关系，词尾"了"常置于 V$_1$ 之后。例如：

（7）我睡了个懒觉起来。

（8）你到了北京打个电话给我。

根据以上所述，"他打了电话叫一辆车"之所以是一个偏误句，是因为其中的词尾"了"也要置于 V$_2$"叫"之后。"打电话"与"叫一辆车"是几乎同时发生的两个动作行为，"叫一辆车"是"打电话"的目的，在这类连动式中，句子的语义重心一般落在第二个动词短语上，因为它是动作行为的目的所在。因此，"他打电话叫了一辆车"才是一个正确的句子。

69. 为什么不能说"他坐了飞机去香港"？

在连动句式中，如果 V$_1$ 和 V$_2$ 之间有明显的方式（包括工具、手段）与目的、原因与结果等关系，那么连动式中"了"一般不能附在 V$_1$ 的后面，而要附在 V$_2$ 的后面或者句末，即"了"所附着的动词语应该是谓语的信息重心。例如：

（1）a.* 他们坐了飞机去香港。

　　　b. 他们坐飞机去了香港。

　　　c. 他们坐飞机去香港了。

（2）a.* 他做了生意赚几个钱。

　　　b. 他做生意赚了几个钱。

　　　c. 他做生意赚几个钱了。

只有当 V$_1$ 和 V$_2$ 之间是比较单纯的先后关系，且又无明显的方式（包括工具、手段）与目的、原因与结果等关系时，"了"的位置才比较自由：既可以放在 V$_1$ 之后，也可以放在 V$_2$ 之后或句末。例如：

（3）a. 他脱掉了鞋子走进来。

　　　b. 他脱掉鞋子走了进来。

　　　c. 他脱掉鞋子走进来了。

（4）a. 他找了个干净的地方放下行李。

　　 b. 他找个干净的地方放下了行李。

　　 c. 他找个干净的地方放下行李了。

（5）a. 我到了楼下打电话给他。

　　 b. 我到楼下打了电话给他。

　　 c. 我到楼下打电话给他了。

实际上，当"了"既可以位于 V_1 之后，也可以位于 V_2 之后，且基本语义保持不变时，它还可以同时出现在 V_1 和 V_2 之后或句末。如例（3）（4）（5）分别可以变换成下面的例（6）（7）（8）：

（6）他脱掉了鞋子走了进来。

（7）他找了个干净的地方放下了行李。

（8）我到了楼下打了电话给他。

"了"甚至还可以同时出现在 V_1、V_2 和 V_3 之后或句末。

（9）他从口袋里掏出了一封信走了上去递给了老师。

（10）他从口袋里掏出了一封信走了上去递给老师了。

如果同一个连动式，"了"既可以出现在 V_1 之后（简称 A 型），也可以出现在 V_2 之后（简称 B 型）或句末（简称 C 型），还可以同时出现在 V_1 和 V_2 之后（简称 D 型），且保持基本语义不变，那么 A 型、B 型、C 型、D 型之间到底有什么不同？

我们看下面的例子：

（11）a. 他脱掉了鞋子走进来。（A 型）

　　 b. 他脱掉鞋子走了进来。（B 型）

　　 c. 他脱掉鞋子走进来了。（C 型）

　　 d. 他脱掉了鞋子走了进来。（D 型）

（12）a. 他找了个干净的地方放下行李。（A 型）

　　 b. 他找个干净的地方放下了行李。（B 型）

　　 c. 他找个干净的地方放下行李了。（C 型）

　　 d. 他找了个干净的地方放下了行李。（D 型）

从例（11）（12）能够看出，A 型的信息重心在 V_1；B 型的信息重心在 V_2；C 型的信息重心也在 V_2，但它还有明显的 "申明" 语气；D 型中 V_1 和 V_2 的地位是对等的。

陈忠（2006：537、554）从 "界限" 说的角度分析了 "了" 的不同分布对各自句子语用义的影响。"'了' 通过在句子当中的不同分布位置，（来）表现成分之间结构关系的紧密程度、界限的强弱程度。""了" 在句子当中所具备的语用功能，"可以凸显所在区域的信息重心，提高所在区域的信息量"，"动词后的 '了' 凸显动词的时间界限信息，增加动词的信息量"。陈忠所举的例子如下：

（13）a. 他昨天请了几个朋友来家里喝酒。（凸显 "请"，"请" 的受事情状信息量高）

b. 他昨天请朋友来家里喝了点儿酒。（凸显 "喝"，"喝" 的受事情状信息量高）

我们认为，"了" 所在区域的符号信息量的增加，正是显示了其信息重心的地位。

总之，"了" 出现的不同位置与不同类型的连动式所表现的信息重心有关，同时，"了" 本身也会对连动式内部的信息重心产生一定的影响。

70.　为什么不能说 "他已经在做了作业"？

"已经"、词尾 "了"、句末 "了" 都属于 "实现体" 标记，其中 "已经" 是通过右向作用于整个谓语部分来完成对事件状态的标记，词尾 "了" 是直接作用于谓词来完成对事件状态的标记，而句末 "了" 则是通过左向作用于整个句子来完成对事件状态的标记。"在" 属于 "进行体" 标记，它也是通过右向作用于谓语部分来完成对事件状态的标记。"已经""了""在" 共现涉及汉语 "实现体"与 "进行体" 复合而成的 "复合态" 的表达形式问题。

汉语复合态递归生成的规律，其中有一条便是："完全态" 与 "非完全态"

复合，首先生成的应是"非完全态"，然后与"完全态"复合。（杨国文，2001）
而"实现体"属于一种"完全态"，"进行体"属于一种"非完全态"，因而"实
现体"和"进行体"在小句内共现，表示的是"实现体"包蕴"进行体"的这么
一种复合态（实现［进行］），而不是相反。

综上所述，"他已经在做了作业"之所以不能说，就是因为句中的词尾"了"
只能直接作用于谓词"做"本身，首先生成的是"实现体"，然后与"进行体"
复合，这不符合汉语复合态生成的规律。因此，这个句子应该改成"他已经在做
作业"或者"他已经在做作业了"。

"他已经［在做作业］"或者"他已经［在做作业］了"都是"实现体"包蕴
了"进行体"（实现［进行］），完全符合汉语复合态的生成规律。而"他已经在
做作业"和"他已经在做作业了"之间的基本语义一致，差异主要在于后者"已
经"和句末"了"配套使用，"申明"语气更加强烈。

如此看来，表体副词"已经"、句末"了"都可以蕴含另一种体标记，从而
构成一个复合态，而词尾"了"是无法包蕴另一种态标记的。因此，下面的例
（1a）（1b）是合格的句子，例（1c）（1d）是不合格的句子：

（1）a. 他已经在做作业。

b. 他已经在做作业了。

c.* 他在做了作业。

d.* 他已经在做了作业。

依此类推，表体副词"曾经"（"经历体"标记）也可以蕴含另一种体标记，
而同样作为"经历体"标记的动态助词"过"却不能。例如：

（2）a. 他曾经长期主持少儿节目。

b.* 他长期主持过少儿节目。

c.* 他曾经长期主持过少儿节目。

例（2a）是合格的句子，而例（2b）（2c）是不合格的句子。这同样是因为
表体副词"曾经"和动态助词"过"的辖域不同，前者作用于整个谓语部分，后
者仅仅作用于谓语的中心动词。受辖域的影响，表体副词"曾经"可以包蕴另一
种态标记，从而构成一个复合态。根据前述，"完全态"与"非完全态"复合，

首先生成的应是 "非完全态"，然后与 "完全态" 复合。因此，当经历态（属 "完全态"）与长持续态（属 "非完全态"）复合的时候，也应该是 "经历 [长持续]"，如例（2a）；而不可能是 "长持续 [经历]"，如例（2b）。至于例（2c）不合格，仍然跟 "过" 的辖域有关，汉语中不可能有 "经历 [长持续 [经历]]" 这种复合态的递归形式。

71. 为什么不能说 "那天他下课了就来我这儿"？

前面（问题 60、61）已经对词尾 "了" 的位置进行了说明。词尾 "了" 要依附于谓词之后，其中的 "谓词" 包括动词、形容词，以及动补短语中结合较为紧密的动趋式短语或动结式短语。相对而言，动宾结构内部关系比较松散，词尾 "了" 不能置于动宾结构宾语的后面，而只能置于动词后、宾语前。

"下课" 是一个动宾式离合词，偏误句 "那天他下课了就来我这儿" 中的词尾 "了" 需要插入到离合词 "下课" 的中间。此外，句中具有明显的表示过去时制的名词 "那天"，据此可知，"下课" 与 "来我这儿" 不仅具有先后关系，而且皆已全程实现（完成）了。因而在形式上，兼有 "实现体" 标记功能和 "申明" 语气的语气词——句末 "了" 一般不可省略。

综上，"那天他下课了就来我这儿" 这个句子的正确表达方式应为：

（1）那天他下了课就来我这儿了。

再举几个例子，以供大家对比分析：

（2）a.* 上周末他游泳了就回家。

　　　b.* 上周末他游了泳就回家。

　　　c. 上周末他游了泳就回家了。

（3）a.* 昨天我散步了就去超市。

　　　b.* 昨天我散了步就去超市。

　　　c. 昨天我散了步就去超市了。

72.　为什么不能说"昨天他吃了晚饭就过来"？

　　"昨天他吃了晚饭就过来"这个句子虽然已经注意到了词尾"了"要与动词紧密结合，将词尾"了"正确地置于了核心动词"吃"之后、宾语之前了，但整个句子仍有偏误。问题在于句中有表示过去时制的名词"昨天"，句中的"他吃了晚饭就过来"既非惯常行为，也非"未然"事件，而是具体的已然事件。因此，该句遗漏了兼有"实现体"标记功能和"申明"语气的语气词——句末"了"，应该改为：

　　（1）昨天他吃了晚饭就过来了。

　　如果删除"昨天他吃了晚饭就过来"中的"昨天"，那么"他吃了晚饭就过来"表示的就是一个未然事件，词尾"了"只是提示了"吃晚饭"与"过来"这两个行为之间的先后关系，表示后一个行为将在前一个行为实现后立即发生，句子中的"就"凸显了这种前后相继的承接关系。

　　又如：

　　（2）a.*上个月我考了试就回国。

　　　　　b.上个月我考了试就回国了。（已然事件）

　　　　　c.我考了试就回国。（计划中的未然事件）

　　（3）a.*昨天晚上我洗了澡就睡觉。

　　　　　b.昨天晚上我洗了澡就睡觉了。（已然事件）

　　　　　c.我洗了澡就睡觉。（计划中的未然事件）

　　例（1）（2b）（2c）（3b）（3c）中的词尾"了"还可以由补语"完"替换，替换后基本语义相近。这是因为当词尾"了"表达的"实现"意义是指整个动作行为过程的实现（即动作行为的结束）时，其与结果补语"完"的意义是相近的。不过，前面（问题6）已经指出，尽管"实现"可能是动作行为的结束（完成），但由"了"标记的"实现"和由"完"标记的"完成"，其"体"意义（状态义）还是有所不同的，前者偏重于动作行为全程是否成为事实，后者偏重于动作行为过程是否结束。有些句子中的词尾 "了" 改为 "完成体" 的标记成分 "完" 以后，甚至可接受度大大降低，尽管其中的 "了" 同样表示整个动作行为过程的实现。例如：

（4）a. 我刚询问了营业员。

　　　b.* 我刚询问完营业员。

73.　为什么不能说 "我买一本词典了"？

我们先看以下一组例子：

（1）a.* 我买一本词典了。

　　　b.* 我买了一本词典了。

　　　c. 我买词典了。

　　　d. 我买了一本词典。

句末 "了" 具有 "申明" 语气，表明言者认为，对听者来说，这是一个新信息、新情况。言者在叙述事实的同时，包含 "达到或超出心理预期" 的意思，因而凡与此相冲突的表达都不能在句内共现，例（1a）（1b）被视为偏误句或不符合我们的语感，其中一个原因就是不适合使用句末 "了"。"词典" 前添加了数量短语 "一本"，信息的重心落在了数量上，而相对于词典的数量而言，"一本" 却是一个最小量，与句末 "了" 所传递的 "达到或超出心理预期" 相冲突。我们不妨测试一下，将 "一本词典" 中的 "一本" 改为 "两本" 或以上数量，那么句子的可接受度就大大提高。例如：

（2）a.* 我买三本词典了。

　　　b. 我买了三本词典了。

因此，我们可以将例（1a）（1b）中的 "一本" 删除，直接将 "买词典" 作为一个新信息、新情况向听者 "申明"。如果要保持原义不变（保留数量信息），可以将 "了" 移至动词 "买" 后，使句末 "了" 变成词尾 "了"。

至于例（2a）仍然不太符合我们的语感的原因，主要是动词"买"后缺少了一个词尾"了"，"了"具有"实现体"的标记功能，其使用"实际上就起着动作界化的作用"（参见张济卿，1998），可以与"有界"的数量短语相匹配。

接下来，我们再举一组例子加以说明：

（3）a.* 我看三场电影了。

　　　b. 我看了三场电影了。

　　　c. 我看电影了。

　　　d. 我看了三场电影。

例（3a）的可接受度较低，也是因为动词"看"后缺少了一个词尾"了；例（3b）向听者"申明"一种新情况，含有"达到或超出心理预期"的意思，如果没有后续说明，"看电影"这个行为很可能还会持续下去；例（3c）直接将"看电影"作为一个新信息、新情况向听者"申明"，因而也是一个合格的句子；例（3d）与例（3b）的差别主要在语气上，前者因为没有"申明"的语气，倾向于一种客观叙述，没有主观上所认为的"达到或超出心理预期"的意思。

74.　为什么不能说"我昨天晚上再去看他了"？

"再"和"又"均为副词，都可用在动词之前做状语，表示动作行为的重复发生，但二者之间又有差别："再"表示未然的重复（尚未重复的动作行为或情况）或惯常性的重复，"又"表示已然的重复（已经重复的动作行为或情况）。因此，一般认为，"再"不能在肯定句中跟"了"共现，"又"则可以在肯定句中跟"了"和谐共现。

同时，"再"作为未然的重复，多与表将来时或现在时的时间词语共现，不能跟表示过去时的时间词语共现（表惯常性的重复除外）。而"又"作为已然的重复，多与表过去或现在的时间词语共现（在假设句等非现实句句中，"又"也可以跟表将来的时间词语共现）。

例如：

（1）今天我去她家看她了，明天我想再去一趟。（昨天已经去看过她，明天的还未实现，未然状态）

（2）我还是不明白，请再说一遍。（第一遍已经说完，第二遍还未开始，未然状态）

（3）白酒不喝了，再喝点儿红酒吧。（"白酒"已经"喝了"，"红酒"打算喝，未然状态）

（4）高中三年，我们一直努力，努力，再努力！（表经常性行为"努力"的重复或继续）

综上，为了保持原义不变，应该将"我昨天晚上再去看他了"中的"再"改为"又"。

75.　为什么不能说 "我是昨天去上海了"？

汉语中"是……的"句是一种表示强调的句式。"是"常位于谓语前，而"的"多位于句尾，但也可出现在动词之后、宾语之前；"是"是一个焦点敏感算子，其后所接的成分一般是对比焦点，是句子强调的重点所在。因此，句子的焦点会随着"是"句法位置的变化而变化。试比较：

（1）我是昨天去上海出差的。（焦点为"昨天"，强调去上海的时间是"昨天"，而非前天、明天）

（2）我昨天是去上海出差的。（焦点为"上海"，强调去的地方是"上海"，而非北京、天津）

"是……的"句式的使用有语用预设：叙述的动作行为已经实现或业已完成，即句中所涉及的事件是听说双方共知的背景知识、已知信息，而"是"所强调的焦点部分才是未知信息、新信息。这一点可从"是……的"句经常出现在应答句而非始发句中得到佐证。例如：

（3）——我上周去上海了。（新信息、新情况）

——（是）什么时候去（上海）的？（"去上海"变为已知信息、旧信息，"什么时候"才是未知信息、新信息）

——（是）周三去的。

而句末"了"是兼有体标记功能的句末语气词，具有"申明"语气功能，即说话人认为对听话人来说，句子说明的是新信息、新情况。这样，句末"了"与"是……的"的语用预设是互相矛盾的，二者无法兼容。我们可从反面再次佐证：相对于句末"了"来说，词尾"了"仅表示动作行为的实现，没有"申明"语气的功能，若将句末"了"替换成词尾"了"，句子即可成立。例如：

（4）我昨天是去了上海的。（表明"去上海"这件事的确发生了、已经实现）

76. 为什么不能说"我看了电视一个小时"？

这个问题涉及动词后时量补语与宾语的位置关系问题。

时量补语常常用来表示动作行为本身持续的时间，有以下几种结构形式：

动词不带宾语时，时量补语放在动词后面，其结构形式是：主语＋动词（＋词尾"了"）＋时量补语。例如：

（1）他在中国学习了两年。（已然事件）

（2）下午他又去操场锻炼了一个小时。（已然事件）

（3）他每晚都会在图书馆待四个小时。（惯常行为）

如果动词带宾语，或者动词本身就是一个离合词（如"睡觉、游泳、跑步、见面、结婚、洗澡、理发、吵架、聊天儿"等）时，时量补语可以放在重复的动词后边。也可以不重复动词，将时量补语放在动词和宾语之间。其结构形式是：A. 主语＋动词＋宾语＋动词（＋词尾"了"）＋时量补语；B. 主语＋动词（＋词尾"了"）＋时量补语（＋的）＋宾语。例如：

（4）a. 他跑步跑了一个多小时。（已然事件）

　　　b. 他跑了一个多小时（的）步。

（5）a. 他学汉语学了两年了。（已然事件）

　　b. 他学了两年（的）汉语了。

（6）a. 她俩聊天儿聊了一个下午。（已然事件）

　　b. 她俩聊了一个下午（的）天儿。

（7）a. 他每天晚上游泳游一个小时。（惯常行为）

　　b. 他每天晚上游一个小时（的）泳。

其中，B 式的助词"的"具有强调、确认前面时量成分的功能。试比较例（4b）（5b）（6b）（7b）中"的"的隐现对句子表达效果的影响。

如果宾语是人称代词，时量补语要放在宾语后边。当然，也可以将动词重复，形成一个重动结构，时量补语放在重复的动词后边。例如：

（8）a. 我们等了你半个小时。

　　b. 我们等你等了半个小时。

（9）a. 我找了他好半天了。

　　b. 我找他找了好半天了。

如果没有后续说明，句末"了"的隐现会影响语义的表达：没有句末"了"，一般表示动作行为已经全程结束；有句末"了"，一般表示动作行为仍在进行、持续。如例（1）（2）（4）（6）（7）（8）表示动作行为已经结束，例（5）（9）表示动作行为仍在进行、持续。又如：

（10）a. 这本书我写了两年。（现在可能已经写完了）

　　　b. 这本书我写了两年了。（还要继续写）

时量补语有时也用来表示动作行为结束以后的时长（时间将会延续），那么其结构是：主语 + 动词 +（词尾"了"/ 完 / 宾语）+ 时量补语 + 句末"了"。例如：

（11）a. 我回来一年多了。

　　　b. 我来了一年多了。

　　　c. 我来上海一年多了。

　　　d. 我跑完一个小时了。

综上，如果要表达"看电视"这一行为持续的时间，那么"我看了电视一个小时"这个句子应该改为"我看电视看了一个小时"或者"我看了一个小时电视";如果要表达看完电视之后持续的时间,那么"我看了电视一个小时"这个句子应该改为"我看完电视一个小时了"。

77. 为什么不能说"我才睡了两个钟头了"?

句末"了"所具有的"申明"语气和附带的言外之意,导致它对与其共现的成分具有一定的语用限制。例如:

(1) a.* 他才睡了两个钟头了。

    b. 他才睡了两个钟头。

    c. 他睡了两个钟头了。

(2) a.* 此时,饭店还坐了五六位客人了。

    b. 此时,饭店还坐了五六位客人。

    c. 此时,饭店坐了五六位客人了。

例(1a)(2a)之所以是病句,是因为句末"了"所体现的语用义与句内"才""还"相冲突。句末"了"具有"申明"的语气功能,表明言者认为,对听者来说,这是一个新信息、新情况。言者叙述事实的同时,包含有"达到或超出心理预期"的意思,而"才""还"则包含有"尚未达到或落后于某种预期"的意思。因此,当句内有副词"才""还"时,句末不使用"了",如例(1b)(2b);当句末使用"了"时,句内不能使用副词"才""还",如(1c)(2c)。再如:

(3) a.* 我还没有钱了。

    b. 我还没有钱。

    c. 我没有钱了。

78.　为什么不能说 "我在这里住了不到五年了"？

　　前面（问题 73）我们已经讲到，句末 "了" 具有 "申明" 语气功能，表明言者认为，对听者来说，这是一个新信息、新情况。言者叙述事实的同时，包含有 "达到或超出心理预期" 的意思，因而凡与此相冲突的表达都不能在句内共现。例如：

　　（1）*我在这里住了不到五年了。

　　（2）我在这里住了不到五年。

　　（3）我在这里住了差不多五年了。

　　例（1）"不到五年" 是以 "五年" 作为基准，未及 "五年" 意味着尚未达到心理预期，因而此句 "不到五年" 与句末 "了" 在语用上是互相冲突的。例（2）没有句末 "了"，句子就是合格的。例（3）"差不多五年"，没有尚未实现的意思，与 "了" 的使用不冲突，句子也是合格的。

　　也许有人会认为例（1）不合格是因为 "了" 的使用跟否定词 "不" 相冲突。其实不然，"了" 可以跟 "不" 共现。例如：

　　（4）我们这套房子的租约不到一个月了。

　　例（4）的 "不到一个月" 不是表达未及，而是表达超出，因为租约是越来越短的，而例（1）的居住时长是越来越长的。因此，例（4）的 "不到一个月" 与句末 "了" 在语用上并不冲突，句子是合格的。

79.　为什么一般不说 "我吃了东西"？

　　句子中的 "有界" 和 "无界" 形式的对立对 "了" 具有一定的制约作用。例如：

（1）a. 我吃了点儿东西。

　　　b.* 我吃了东西。

（2）a. 我在校园里转了一下。

　　　b.* 我在校园里转了。

例（1b）（2b）之所以是病句，是因为"了"作为"实现体"标记成分，是体现"界限"特征的因素之一，倾向与"有界"的成分、结构在同一层次（直接成分）中共现和匹配，不与"无界"的成分、结构在同一层次中共现和匹配。相对抽象的"有界/无界"的对立可以通过名词的数量范畴、动词的时体范畴、形容词的程度等级等来体现。比如，例（1a）（2a）中的"（一）点儿东西""转了一下"是有界的，但光杆名词"东西"和光杆动词"转"是无界的，因此，例（1a）（2a）是合格的句子，而例（1b）（2b）可接受度就很低，除非是在应答句中。例如：

（3）——你吃东西了吗？

　　　——我吃了（东西）。

（4）——你在校园里转了吗？

　　　——我（在校园里）转了。

80. 为什么一般不说"你什么时候来上海了"？

显然，问句"你什么时候来上海了"应改为"你（是）什么时候来上海的"。这个问题涉及"了"和"的"的区别。

根据前面（问题 31）所述，作为语气词的"了"和"的"均具有传递信息的功能，但二者在语气上各有侧重。"了"侧重表示对已然事实的申明（告知一种新信息、新情况），"的"侧重表示对已然事实及其细节的确认。所谓的"申明"和"确认"的区别也就是叙述与判断这两种言语行为的区别。倘若言者假定听者对事实不知情，则运用叙述的方式加以申明（告知）；倘若言者假定听者对事实有所知，但对这一事实或事实中的某些细节（包括时间、地点、人物、方式、工具、材料等）不清楚或有所误解，则运用判断的方式加以确认。例如：

（1）我昨天来上海了。

（2）我（是）昨天来上海的。

例（1）是言者认为听者不清楚"我昨天来上海"这个事实，将之作为一种新信息告诉听者；而例（2）则是言者知道听者对"我来上海"这个事实有所了解，但对其中的细节不清楚或有所误解，因而向听者传递经自己确认或判断后的信息。

作为"申明"，例（1）关涉"有"和"无"，它可以直接用于始发句，将之作为一个新信息、新情况告知别人；也可以用于回答，它回答的是"我""昨天"有没有发生"来上海"这个事实，对应的问话形式是"你昨天来上海了吗""你昨天来没来上海""你昨天来上海了没有"。

作为"确认"，例（2）关涉"是"和"非"，它要确认、强调的主要是以下两种情况：A."我昨天来上海"这个事实；B."我"是何时"来上海"的。与 A 相对应的问话形式是"你是不是昨天来上海了""你（是）昨天来上海的吗"（"昨天"不读重音），与 B 相对应的问话形式是"你（是）昨天来上海的吗"（"昨天"读重音）、"你（是）什么时候来上海的"或"你（是）什么时候来的上海"。

值得注意的是，以下两种特定条件下，"你什么时候来上海了"又成了一个合格的句子。

第一，将"你什么时候来上海了"中的"什么"作为一个虚指成分来用，其意义同"你来上海了"，主要用于招呼或寒暄。例如：

（3）（语境：熟人见面时）

——你好！

——你好！你什么时候来上海了！

——是啊，公司派我来出差。

第二，将"你什么时候来上海了"用于非现实性的假设小句。其中的"什么"也是个虚指成分。例如：

（4）你什么时候来上海了，咱兄弟俩好好聚一下。

81. 为什么不能说"我去年决定了到中国留学"？

前面（问题64）已经讲过，关系动词不表示行为动作意义，主要表示前后成分之间的关系。诸如"是、姓、属、归、靠、等于、属于、像、不如"等关系动词，属于黏宾动词，其后必须带上宾语，而不能后附表示"实现"的词尾"了"。前面（问题65、66）又讨论过，表示动作起点的动词"开始"以及动词"答应""同意"等后附词尾"了"会受到很大的限制。除此之外，动词"在""发誓""决定"等，一般也都不能后附词尾"了"。例如：

（1）a.＊她姓了王。

　　　b.她姓王。

　　　c.（以前她姓张，）现在她随夫姓王了。

（2）a.＊我是了老师。

　　　b.我是老师。

　　　c.（以前我是学生，）现在我是老师了。

（3）a.＊他在了教室。

　　　b.他在教室。

　　　c.（刚才他不在教室，）现在他在教室了。

（4）a.＊我发誓了我一定要学好汉语。

　　　b.我发誓我一定要学好汉语。

　　　c.我发了誓，一定要学好汉语。

（5）a.＊我决定了以后要到中国留学。

　　　b.我决定以后要到中国留学。

　　　c.我决定以后要到中国留学了。

　　　d.我决定了，我以后要到中国留学。

例（1c）（2c）（3c）使用句末"了"，旨在凸显对新情况的一种"申明"语气，强调 "变化"，与置于句中的词尾 "了" 有所不同。

"发誓" 则是一个离合词，体标记需要置于离合词中间，如 "发过誓" "发了誓"，如例（4c）。不过，单说 "我发了誓"，其接受度较低，因为光杆名词 "誓（言）" 是一个无界成分，"V 了" 后宜组配一个 "有界" 成分，可以说 "我发了（一）个誓"。同理，"我发了誓" 后边的后续句 "一定要学好汉语" 也具有完句的功能，因为该后续句使 "誓言" 有了定指性。

"决定" 本身已经包含结果义，其后一般不需要再添加词尾 "了"。在真实语料中，当句中无其他参照时间的时候，默认以现在作为时间参照点。"决定" 的后边常跟一个 "未然事件"。即使是以过去时间为参照点，且所 "决定" 的事件已经成为事实，"决定" 的后边也很少加上表示 "实现体" 的词尾 "了"。例（5c）中的 "了" 显然是句末 "了"，例（5d）"决定" 后的 "了" 也不是词尾 "了"，而仍然是具有 "申明" 语气功能的句末 "了"，言者旨在向听者 "申明" 一种 "新情况、新信息"，以引起听者的注意。

不过，在特定的语境下，为了凸显某一时间内完成的决定，强调动态性和变化，也有在 "决定" 后添加 "实现体" 标记 "了" 的情况。例如：

（6）也就是在那个时候，我决定了去北京求学。

还值得注意的是，"决定" 作为动词的义项有两个：一是表示 "对如何行动做出主张"，二是表示 "某事物成为另一事物的先决条件；起主导作用"。尽管第一个义项的 "决定" 很少加上词尾 "了"，但第二个义项的 "决定"，其后附词尾 "了" 的情况很常见。例如：

（7）这件事，决定了我一生的道路。

（8）社会需求决定了学校课程的发展方向。

82.　为什么不能说 "我来中国已经三年过去了"？

"三年过去（了）" 是主谓结构，"过去（了）三年" 是动宾结构。从动性角度来看，动宾结构的动性强于主谓结构。因此，当 "已经" 做状语时，其后的谓词性成分如果在动宾结构（过去三年）和主谓结构（三年过去）之间做选择，一般使用动宾结构，即"已经过去三年（了）"的可接受度大于"已经三年过去（了）"。例如：

（1）＊我来中国已经三年过去了。

（2）我来中国已经过去三年了。

当然，"已经"后也可以省略动词，直接后接一个具有［＋顺序义］特征的名词语（包括数量短语）。例如：

（3）我来中国已经三年了。

句末"了"左向作用于整个句子，其功能蕴含了时间副词"已经"的"实现体"标记功能，同时，句末"了"在语用上也蕴含了"已经"因其强调功能带来的现时相关性，从而使"已经"成为羡余成分。因此，例（3）中的"已经"可以省略而不影响语义的表达。

（4）我来中国三年了。

例（3）和例（4）仅仅在"申明"语气的强弱上略有差异，"已经＋句末'了'"强于句末"了"独用。

至于产生偏误句"我来中国已经三年过去了"的原因，有可能是将"我来中国已经三年了"与"我来中国已经过去三年了"两种表达杂糅在一起了。

83.　为什么不能说"下个星期我快要来上海了"？

可以使用"要……了""就要……了""快要……了""快……了"等表示动作即将发生。例如：

（1）姐姐（就）要结婚了。

（2）电影快（要）开始了。

（3）签证快（要）到期了。

（4）下个星期我（就）要去上海了。

但是，如果句子中有具体的时间词语做状语，一般情况下不能使用"快

要……了""快……了",而只能使用"要……了""就要……了"。例如:

（5）a. 明年春节姐姐（就）要结婚了。

b.* 明年春节姐姐快（要）结婚了。

（6）a. 再过五分钟，电影（就）要开始了。

b.* 再过五分钟，电影快（要）开始了。

（7）a. 签证下个月就（要）到期了。

b.* 签证下个月快（要）到期了。

（8）a. 下个星期我（就）要去上海了。

b.* 下个星期我快（要）去上海了。

这主要是因为"快（要）"凸显了将要发生的动作行为或事件在发生时间上跟参照时间的距离。当句中没有其他参照时间的时候，句子默认的参照时间一般为当下的说话时间，因为在说话时，预估与将要发生的动作行为或事件的时间距离是相对比较清晰的。如果再以其他的时间词语作为参照时间，这在认知上要相对复杂和困难一些，因此，"快（要）"一般不与其他具体的时间词语在小句内共现。但是，只要能够明确参照时间与将要发生的动作行为或事件之间的时间距离，"快（要）"与具体的时间词语也不是不可以共现的。例如:

（9）明天你飞抵浦东机场的时候，我的飞机也快要起飞了。

例（9）表明了"你飞抵浦东机场"的时间与"我的飞机起飞"的时间距离很短。

而"（就）要"并未凸显将要发生的动作行为或事件在发生时间上跟参照时间的距离，或者说，"（就）要"只在没有其他时间词语的情况下，默认将要发生的动作行为或事件在发生时间上跟说话时间存在距离；如果句中有其他时间词语，那么这种时间距离就消失了，其中的时间词语成了动作行为或事件的发生时间，即动作行为或事件的发生时间与这个参照时间之间没有距离。因此，如果句中出现了其他的时间词语，那么这个时间词语是言者预估将要发生的动作行为或事件的发生时间，如例（5）～（8）中的 a 句。又如:

（10）明天你飞抵浦东机场的时候，我的飞机就要起飞了。

例（10）表明了"你飞抵浦东机场"的时间就是"我的飞机起飞"的时间。

汉语中还有一组词——"即将"与"将要"，在是否凸显时间距离这一点上的差别与"快（要）"与"（就）要"之间的差别类似。"即将"凸显了将要发生的动作行为或事件在发生时间上跟参照时间的距离，因而也很少与具体的时间词语在小句内共现；而"将要"未凸显将要发生的动作行为或事件在发生时间上跟参照时间的距离，所以经常与具体的时间词语在小句内共现，此时，时间词语成了动作行为或事件的发生时间。例如：

（11）a. 明天下午一点我将要离开上海。

　　　b.* 明天下午一点我即将离开上海。

　　　c. 明天下午一点那会儿，我即将离开上海。

在例（11a）中，"明天上午一点"是"我离开上海"的时间；例（11b）（11c）中，"明天上午一点"并不是"我离开上海"的时间，而是"我即将离开上海"的时间。以其他的时间词语（而非说话时间）作为参照时间来预估与将要发生的动作行为或事件的时间距离，这在认知上要相对复杂和困难一些，因此，例（11b）接受度较低。如果能尽量凸显出这种动作行为或事件发生的时间与参照时间之间的距离，如例（11c），句子的可接受度就高了一些，但这种用法确实非常少见。

84. 为什么不能说"他学了下去吗"？

杨国文（2001）认为"V＋了＋复合趋向补语"跟"V＋复合趋向补语＋了"的双态复合的生成过程是一样的，比如"学了下去"跟"学下去了"都是"实现［继续］"（即以"了"为标记的"实现体"包蕴了以"下去"为标记的"继续体"），差别在于前者"强调继续"，后者"强调结果"。同样，"跑了起来"跟"跑起来了"的双态复合的生成过程也是一样的，都是"实现［起始］"（即以"了"为标记的"实现体"包蕴了以"起来"为标记的"起始体"），差别在于前者"强调起始"，后者"强调结果"。就是说，"学了下去""跑了起来"首先生成的是"学下去""跑起来"，然后"了"插入"学下去""跑起来"的中间生成"学了下去""跑了起来",可以理解为"学下去""跑起来"这么一个事实出现了。

杨国文之所以认为"学了下去"和"跑了起来"的复合顺序分别为"实现〔继续〕"和"实现〔起始〕",大概也是因为考虑到"继续〔实现〕"或"起始〔实现〕"不符合汉语"复合态"递归生成的规律,即"完全态"与"非完全态"复合,首先生成的应是"非完全态",然后再与"完全态"复合。但毕竟这种利用"插入"生成复合态的方式比较特殊,我们有必要对其中的理据展开具体的说明。

我们赞同杨国文的观点,即认为"学了下去""跑了起来"中的"实现体"标记词"了"还是处于最外层。这除了考虑到"完全态"与"非完全态"递归复合的规律之外,还有以下几点理由:

第一,"实现体"内部本来就可以进行再分解,包括:1. 动作行为的结束,即整个动作行为过程的实现,比如"我询问了营业员""我刚看了场电影";2. 动作行为或性状的起始,即动作行为过程或性状从无到有的实现,比如"他俩说着说着就打了起来""会场响起了热烈的掌声";3. 动作行为过程或性状的持续,即动作行为过程阶段性的实现或处于某种性状中,比如"我在北京已经住了半个月""已经热了差不多一个月还不见凉快些"。

第二,如果对"V+了+复合趋向补语"格式本身进行提问,不能是"V+了+复合趋向补语+吗"形式,而只能使用"V+复合趋向补语+了+吗"。例如:

(1)——他又学了下去。

　　——他学下去了吗?　|——*他学了下去吗?

(2)——马走着走着就跑了起来。

　　——马跑起来了吗?　|——*马跑了起来吗?

事实上,"V+了+复合趋向补语"格式压根儿就不能单独用来提问,也不能在末尾加上"吗"或"没有"来提问,还不能单独用来回答问题,而"V+复合趋向补语+了"可以。例如:

(3)a1. 他学下去了?　| a2. *他学了下去?

　　b1. 他学下去了吗?　| b2. *他学了下去吗?

c1. 马跑起来了？ | c2. *马跑了起来？

d1. 马跑起来了没有？ | d2. *马跑了起来没有？

（4）——马跑起来了吗？

——马跑起来了。| ——*马跑了起来。

第三，柯理思（2006）认为，在北方话的语法体系中并没有"走了进来""搬了出去"这类在一般动词和复合趋向补语之间插入态标记的格式，而只有"走进来了""搬出去了"的格式。陈刚（1987）也认为"走了进来"一类格式在地道的北京口语里是不存在的。杨德峰（2017）通过语料发现，在句法分布上，"V了C"非常受限，只能做谓语，不能做主语、宾语，不能带宾语、补语，不能受否定副词的修饰，前面不能出现能愿动词，而"VC了"则几乎可以做任何句法成分。因此，作者认为"VC了"是无标记项，"V了C"是有标记项。

上述第一个理由说明"实现体"包蕴"继续体""起始体"是可能的。第二、三个理由则说明"V＋了＋复合趋向补语"格式使用相当受限，与"V＋复合趋向补语＋了"格式存在句法分布上的不对称。这就可以认为，"V＋了＋复合趋向补语"格式相对于"V＋复合趋向补语＋了"格式，在语义功能上并没有明显差别，即二者的基本语义是一致的。

至于"了"为什么能够插入"学下去""跑起来"中间生成"复合态"，主要是因为纯粹的"实现体"标记词——词尾"了"的语法化程度最高，需要尽量紧挨中心动词，而"继续态"标记词"下去"和"起始态"标记词"起来"的语法化程度相对较弱。Hopper & Traugott（2003：152、116）研究发现，"态""时""语气"三者跟动词的关联度最高的是"态"，其次是"时"，最后是"语气"，因此，在语法化、专职化了的"态""时""语气"标记中最有可能紧挨动词主干（stem）的是"态"标记，其次是"时"标记，最远的是"语气"标记。文章还指出，在众多用来描述动作和事件情状的功能词汇当中，只有极个别的词汇形式最终能够语法化为紧挨动词的形态标记（grammatical morpheme）。

之所以也有"V＋复合趋向补语＋了"格式（"学下去了""跑起来了"），是因为虽然"V＋了＋复合趋向补语"格式与"V＋复合趋向补语＋了"格式的

"复合态"的生成过程一样，在基本语义上也没有明显的区别，但在表达功能上却存在差别。杨国文认为"学了下去""跑了起来"更强调"继续""起始"，而"学下去了""跑起来了"更强调"结果"。我们认为，二者的最主要的区别还在于：

第一，相对于"V＋了＋复合趋向补语"格式，"V＋复合趋向补语＋了"格式具有较强的实时交互性。这与前者的"了"是纯粹的"实现体"标记词，后者的"了"是兼有"实现体"标记功能的句末语气词（表"申明"语气）有一定的关系（刘勋宁，1985、1988、1990）。句末"了"的"申明"语气偏重于传递一种新信息、新情况，即在实时交互过程中，当言者认为其所言对受者来说很有可能是一个新信息、新情况时，倾向在句末使用"了"对这一信息、情况加以申明。向受者申明这种新信息、新情况，实际上就具有了一种实时交互性和现时相关性。因此，很多人凭语感认为"V＋了＋复合趋向补语"格式多出现于叙述语体中，而"V＋复合趋向补语＋了"格式则多出现于对话语体中，是可解释的。

第二，"V＋了＋复合趋向补语"格式的语义重心在谓语动词上，而"V＋复合趋向补语＋了"格式的语义重心落到了补语上（杨德峰，2017：171-185）。这是因为词尾"了"所依附的动词往往是谓语的信息重心，"了"在句子当中所具备的语用功能"可以凸显所在区域的信息重心，提高所在区域的信息量"，"动词后的'了'凸显动词的时间界限信息，增加动词的信息量"。（陈忠，2006：537、554）如果谓词前有描写性状语，倾向于使用"V＋了＋复合趋向补语"（如"孩子一蹦一跳地跑了进来"），大概正是因为描写性状语本来就是对动作行为方式的描写，重心落在动词上。

从以上两点来看，"V＋了＋复合趋向补语"和"V＋复合趋向补语＋了"两种格式确实丰富了汉语的表达功能。

需要说明的是，"跳了下去|跳下去了""站了起来|站起来了"中的"下去""起来"意义很实在，不宜看作态标记，整个格式也只具备一个简单态，不是双态复合。

不过，"V＋了＋复合趋向补语"的这种双态复合的形式确实是一种特例，我们没有发现其他动态助词可以包蕴另一种态标记的情况。（参见问题70）

第五部分　教学与实践

85. 词尾"了"和句末"了"的教学如何排序？

　　学界关于词尾"了"与句末"了"的语法意义、使用规律，到目前为止尚未形成清晰、统一的认识。针对汉语二语学习者在"了"的使用过程中所产生偏误的研究以及针对二语学习者的"了"字教学的研究也尚未成体系。

　　结合我们长期的教学实践以及前面对"了"相关问题的分析，在此专门就词尾"了"和句末"了"之间的教学排序问题做一探讨。总的来看，关于"了"的教学，我们倾向于先教句末"了"，再教词尾"了"。理由有以下几点：

　　第一，自然语料中，"了"的使用跟语体有着密切的关系（参见问题9、10）。在口语（交流性语言）中，词尾"了"和句末"了"都是不可缺少的表达成分，但句末"了"的出现频率明显高于词尾"了"；在典型的书面语（非交流性语言）中，只使用词尾"了"，不使用句末"了"，且词尾"了"出现的频率也要明显低于口语中的词尾"了"。

　　就口语和书面语的关系来看，口语是第一性的，书面语是第二性的。汉语二语学习者首先需要从相对简单的口语对话入手。在汉语学习的初级阶段，在教材或者课堂教学所创设的模拟语境中，会话双方的实时交互性比较强，加上所使用的句式相对简单，学生接触并使用句末"了"的机会甚至比自然语料中的还多，而单用词尾"了"（不配合使用句末"了"）的情况反而比自然语料中的更少。

　　这就导致有的教材虽然设想先教词尾"了"，但又不得不同时出现句末"了"（即无法在回避句末"了"的情况下先单独教词尾"了"）。比如，有的教材就把下面的例子当作词尾"了"来教：

（1）——你喝了吗？

　　　——我喝了。

（2）——你给妈妈打电话了没有？　/ 你给妈妈打没打电话？

　　　——打了。

　　教材中将例（1）（2）的 "了" 称作 "动态助词'了'"，并向学习者说明："动词后边加上动态助词'了'可以表示动作的完成"。且不说词尾 "了" 的语法功能并不是表示 "完成"（至少不都表示 "完成"），其所举的词尾 "了" 的例子也都是有误的，例（1）（2）中的 "了" 显然不是词尾 "了"，而是句末 "了"。当 "了" 置于句子末尾时，除非有充分的理由说明它是词尾 "了"（附着于动词本身而非整个句子），一般情况都是优先考虑它是句末 "了"，如 "下雨了""她回家了""天快黑了，今天去不成了" 中的 "了" 均为句末 "了"。

　　还有的教材，在教词尾 "了" 的时候，不得不同时带出句末 "了"。

（3）——你吃晚饭了吗？

　　　——我吃了晚饭了。

（4）——你买书了吗？

　　　——我买了书了。

　　事实上，例（3）（4）问句中的 "了" 以及答句中位于句末的 "了"，均是句末 "了"。就是说，在教词尾 "了" 的时候很难回避使用句末 "了"，否则很有可能无法完句，如例（3）（4）答句中如果不出现句末 "了"，便无法完句。

　　第二，相对于句末 "了"，词尾 "了" 的用法及其所处的位置更为复杂。词尾 "了" 依附于谓词之后（一般情况下不是句末位置），但其中的 "谓词" 既包括动词、形容词，又包括动补短语中结合较为紧密的动趋式短语或动结式短语，还包括谓词性并列结构等。例如：

（5）小王得到了一次学习的机会。

（6）山上的枫叶红了一大片。

（7）对面走来了一个人。

（8）我吃完了一笼包子。

（9）会议讨论并通过了一项决议。

例（5）～（9）中的词尾"了"分别依附于动词、形容词、动趋式、动结式、谓词性并列结构之后。这些例子，不仅较难创设情境，较难通过会话的形式让学习者进行实际操练并加以应用，而且需要学习者了解特定的汉语知识，即学习位于动趋式短语、动结式短语、谓词性并列结构后的词尾"了"，必须先学习这些动趋式短语、动结式短语、谓词性并列结构。倘若这些短语不进到句子里来，要学生真正理解并掌握词尾"了"的语法功能和用法是不太可能的。

更何况，词尾"了"的教学难点远不止这些，比如动宾结构内部关系比较松散，词尾"了"不能置于动宾结构宾语的后面，而只能置于动词后、宾语前。相应地，动宾式离合词也需要将词尾"了"插入到离合词的中间。例如：

（10）a. 明天我下了课就去医院。

　　　b.* 明天我下课了就去医院。

不只是动宾式离合词，其他的形式的离合词也需要将词尾"了"置于离合词的中间。例如：

（11）a. 下个星期我考了试就回国。

　　　b.* 下个星期我考试了就回国。

（12）a. 我游了泳再去跑步。

　　　b.* 我游泳了再去跑步。

如果离合词和其他动词同时带上了时量补语、宾语等成分，那么还涉及词尾"了"与这些动词所带补语、宾语之间的位置关系。例如：

（13）a. 我游了一个小时泳。

　　　b. 我游泳游了一个小时。

　　　c.* 我游泳了一个小时。

（14）a. 我学了两年汉语。

　　　b. 我学汉语学了两年。

　　　c.* 我学汉语了两年。

（15）a. 我找了你半天。

　　　b. 我找你找了半天。

　　　c.* 我找你了半天。

如果一个句子里有多个谓词连用，词尾 "了" 有时需要置于 V₁ 后，有时需要置于 V₂ 后，有时又兼可，但置于哪个谓词后，往往会产生语用上的差异，导致句子信息重心的不同。例如：

（16）a. 我睡了个懒觉起来。

　　　b.* 我睡个懒觉起来了。

　　　c. 我睡了个懒觉起来了。

（17）a. 老师傅听了哈哈大笑。

　　　b.* 老师傅听哈哈大笑了。

　　　c.* 老师傅听了哈哈大笑了。

（18）a. 我们从坝顶乘电梯下了大坝。

　　　b.* 我们从坝顶乘了电梯下大坝。

　　　c.* 我们从坝顶乘了电梯下了大坝。

（19）a. 大家上街买了一些当地的土特产。

　　　b.* 大家上了街买一些当地的土特产。

　　　c.* 大家上了街买了一些当地的土特产。

（20）a. 他走过去捡起了地上的一片叶子。

　　　b. 他走了过去捡起地上的一片叶子。

　　　c. 他走了过去捡起了地上的一片叶子。

第三，句末 "了" 是兼有 "实现体" 标记功能的句末语气词，即句末 "了" 兼有跟词尾 "了" 一样的功能，其功能蕴含了词尾 "了" 的功能。吕叔湘（1999：353）也认为句末 "了" 与词尾 "了" 二者密切相关。通过在一定情境下的会话练习，二语学习者学习并理解了句末 "了" 的功能以后，再接着重点学习、理解词尾 "了" 的语法功能以及句末 "了" 与词尾 "了" 之间在功能上的蕴含关系，就会变得相对容易一些。

正因为句末 "了" 的功能蕴含了词尾 "了" 的 "实现体" 标记功能，句子中的词尾 "了" 可以因为句末 "了" 的存在而省略，且不影响基本语义的表达。因此，先学习句末 "了"，再学习词尾 "了"，学习者便能够更好地理解为何有了句末 "了"，句中的词尾 "了" 就往往可以省略。例如：

（21）a. 小李报了名了。

　　＝b. 小李报名了。

（22）a. 我买了书了。

　　＝b. 我买书了。

（23）a. 老何有了对象了。

　　＝b. 老何有对象了。

（24）a. 我朗读了三遍了。

　　＝b. 我朗读三遍了。

（25）a. 我在北京住了半个月了。

　　＝b. 我在北京住半个月了。

当然，尽管词尾"了"和句末"了"都具有相同的"实现体"标记功能，但是词尾"了"是通过作用于谓词本身来完成对事件状态的标记的，而句末"了"是兼有体标记功能的语气词，是通过作用于整个句子来完成对事件状态的标记的。因此，词尾"了"和句末"了"在语法功能上既有联系又有明显的区别，而且这种区别甚至会影响到句子的基本语义。因此，在"了"教学的最后阶段，就需要再进一步同时深入学习词尾"了"、句末"了"的使用问题，包括单用词尾"了"与单用句末"了"、词尾"了"和句末"了"共现等情况之间在语义和语用上的差异。

86.　如何选择范式语料讲解句末"了"的功能？

根据前面（问题2）的分析，典型的句末"了"是兼有"实现体"标记功能的句末语气词，它左向作用于整个句子，旨在申明一种新情况、新信息。因此，在教句末"了"的时候，一开始最好选择相对典型的例子，以便让学习者更好地掌握句末"了"的用法与核心功能。

能够反映明显"变化"义的例子是相对典型的。例如：

（1）水开了。（可以同时展示图片：从凉水变成了沸腾的水）

（2）下雨了！（可以同时展示图片：从晴天／多云变成了下雨的状态）

（3）灯开了。（可以同时展示图片：灯从关着变成了亮着）

（4）铅笔短了。（可以同时展示图片：从长铅笔变成了短铅笔）

（5）他睡了，别叫他了。

大量接触这些例子的时候，学习者能够明显感觉到事物（包括人）的变化，也能够感知到言者在向听者传递一种新信息、新情况。同时，学习者也能够体认到 "了" 并非等于动作行为的 "完成"，如前例（1）～（5）都是一种新状态、新情况的出现（即 "从无到有的实现"）。我们建议学习者在初学阶段少接触具有 "完成" 义的 "了" 字句，目的是防止学习者先入为主地认为 "了" 就是表完成。

在大量接触反映明显变化的例子之后，接着便可以向学习者输入表 "完成" 义（即动作行为全程结束）的 "了" 字句，让学习者认识到 "变化" 既可以是 "从无到有的实现"，也可以是 "动作行为全程的实现"（完成）。选择的例子最好以对话的形式出现，即把提问形式也带进来：

（6）——你吃饭了吗？

　　　——（我）吃了。

（7）——你做作业了吗？

　　　——（我）做了。

（8）——今天你去打球了吗？

　　　——（我）去打球了。／打了。／去了。

学习这些对话的时候，学习者体认到，尽管 "了" 所反映的变化可以是 "从无到有的实现"，也可以是 "动作行为全程的实现"，但是它们都具有同样的 "申明" 语气功能，即言者认为这种变化都是旨在向听者传递一种新信息、新情况。

教师在输入具有明显变化义和完成义的同时，其否定形式以及几种常见的提问形式也可以一并带进来。因为任何语言表达有肯定就有否定，有 "实现" 就有 "未实现"。例如：

（9）——你去医院了吗？／你去医院了没有？／你去没去医院？

　　　——（我）去医院了。／（我）没去医院。／去了。／没去。

（10）——你买今天的报纸了吗？／你买今天的报纸了没有？／你买没买今

天的报纸？

——（我）买今天的报纸了。／（我）没买今天的报纸。／买了。／
没买。

还可以把"未实现"时的略带着急语气的表达方式"还没（有）……呢"也
融入进来。例如：

（11）——他回家了吗？

——（他）还没有回家呢。／还没有呢。

（12）——你完成作业了吗？

——（我）还没有完成呢。／还没有呢。

特别需要跟学习者强调：动词前用"没"表示否定意义时，句末不能用
"了"。尽管在特定的条件下，"没"可以跟"了"共现（参见问题 51～53），但
在此阶段为了使学习者能够巩固否定意义的表达形式，暂时先不要教"没"可以
跟"了"共现的句子。

同时，还需要向学习者说明：那些经常性的动作行为（即使是根据以往经验
的总结，是过去发生的事），因其不存在变化，一般不能使用"了"。例如：

（13）a. 他上大学的时候，每天去操场跑步。

　　　 b.* 他上大学的时候，每天去操场跑步了。

在巩固了上述这些关于句末"了"的相对典型、简单的用法以后，学习者接
着就可以学习最典型的词尾"了"了，因为词尾"了"的"实现体"标记功能与
句末"了"是相通的，只是缺少了表"申明"的语气功能，与说话时（言语情
景）的联系没有句末"了"这么明显。不过，在教词尾"了"的同时，应该让学
习者认识到句末"了"的隐现有时会影响到句子的语义表达，甚至句子的合法
性。（关于如何选择范式语料讲解词尾"了"的功能，参见后文问题 87。）

待到开始学习词尾"了"，句末"了"所表示的"动作行为或性状的持续"
的用法和词尾"了"可以平行展开教学，教师在教学过程中应注意对二者的差异
加以仔细比较。例如：

（14）a. 我喝了一瓶啤酒了。

　　　 b. 我喝了一瓶啤酒。

　　　　　c. 我喝了一瓶啤酒，再来一瓶吧。

　　例（14a）因为句末"了"具有"申明"语气功能，与言语情景联系更加紧密，如果没有后续说明，那么"喝啤酒"的行为可能还将持续下去，属于"阶段性实现"而非动作行为全程的结束。例（14b）如果没有后续说明，一般认为"喝啤酒"的行为已经终止。例（14c）则说明，如果有后续的说明，即使只有词尾"了"也可以表示"阶段性实现"而非动作行为全程的结束。

　　这个阶段之后，可以学习那些只凸显"申明"语气功能的句末"了"了。例如：

　　（15）这出戏可好了！

　　（16）这双鞋太小了。

　　（17）这个办法最好了。

　　例（15）～（17），句末"了"可以省略或使用其他句末语气词代替，而句子的基本语义不受影响。

　　（18）这出戏真好（啊／哇）！

　　（19）这双鞋太小（啊／哇）！

　　（20）这个办法最好（啊／哇）！

　　由此可见，例（15）～（17）中的句末"了"主要就是为了传递一个事实并表示感叹，这与"树叶红了""她变漂亮了"等句子中的句末"了"有明显的差别，后者的"实现体"标记功能是明显的，因而是无法省略的。

　　再接着，一些较难解释和理解的句末"了"的用法，如"数量短语＋没＋VP＋了""再也＋没＋VP＋了""再＋VP＋了""每天＋表时点的词语＋就＋VP＋了"等等，可以逐渐带入进来。例如：

　　（21）他两天没来上课了。

　　（22）后来他俩就再也没见过面了。

　　（23）今天的电影票卖光了，我们明天再来看了。

　　（24）他每天上午7：30就来学校了。

　　（25）以前周末他经常加班，现在（每到周末）他都陪孩子学习或者运动了。

　　之前学习者已经学过："没"的意义与"了"的意义正好对立，因而动词前用"没"表示否定意义时，句末不能用"了"；经常性的动作行为，因其不存在变化，句末也不能使用"了"；"再"是未然的重复，"又"是已然的重复，因此"又"可以与"了"和谐共现，"再"不能与"了"共现。不过，上述这些说明，都是教材或教师为了方便学习者理解与记忆而将复杂的问题暂时简化后的结果。事实上，这种剥离了一些限定语（限制条件）的说明并不能涵盖百分百的真实语料。因此，到了提升阶段，出现了利用原先的相对简单的规则无法解释的语料时，就需要在原先简单的规则的基础上，增加一些限定条件，使学习者能够理解为什么在这样或那样的条件下，"没""再""每天"等又可以和"了"在句中共现了。（参见问题51、52、53、56、63）

需要注意的是，在句末"了"的教学阶段，暂时不要将那些形式在句末，但非句末"了"的句子拉进来。例如：

（26）你帮我把这封信寄了。

（27）你把这杯酒干了。

（28）这个苹果你别吃了，这是留给妈妈的。

例（26）～（28）位于句末的"了"并非"句末'了'"，因为句子不是"申明"的语气，而是祈使语气，这些"了"都可以替换成"掉"，而句子保持基本语义不变。如果这些句子放在句末"了"之前学习，会干扰学习者对句末"了"功能的理解。

还需要强调的是，句末"了"（当然也包括词尾"了"）的教学，最好创设一定的语境，让学习者置身言语情景中去体会和理解言者的各种意图、人际交互功能。如果脱离了语境，仅仅停留在句子层面的练习，有的句子究竟要不要"了"其实是很难说的，毕竟"了"的使用，尤其是句末"了"的使用，很多时候是受语用因素的限制而非句法的限制。例如：

（29）a.* 今天晚上我去超市买水果了，然后去同学家做客了。

b. 今天晚上我去超市买了水果，然后去同学家做客了。

例（29a）的前分句如果孤立来看，并没有错，但放在整个语境中来看，这个分句并非一个独立的句子，句末不能添加兼有"实现体"标记功能的语气助词——句末"了"，因此，这个句子需要将句末"了"改为只表示"实现体"意义的词尾"了"。

同理，教师如果想要更好地识别学习者"了"的使用偏误及其原因，最好的方式是审阅学习者的习作，学习者很多与"了"相关的偏误只有在语篇中才能被识别出来。

87. 如何选择范式语料讲解词尾"了"的功能？

根据前述（参见问题85），建议将词尾"了"的学习安排在学完句末"了"的常见、典型的用法之后。

在讲解词尾"了"的过程中，尤其要注意通过范式语料区分"了"表示的"实现体"所体现出来的几种不同的情况。词尾"了"作为"实现体"标记，表示动作行为或性状的实现（成为事实），存在以下几种情况：

第一，动作行为或性状的起始，即动作行为过程或性状从无到有的实现。例如：

（1）会场上响起了热烈的掌声。（未响→响）

（2）马走着走着就跑了起来。（未跑→跑）

（3）消息很快传了出去。（未传→传）

例（1）～（3）中"响""跑""传"均是动作行为过程或性状从无到有的实现，绝非动作行为或性状的终结。

第二，动作行为的结束，即整个动作行为过程的实现。例如：

（4）我已经询问了营业员。

（5）我刚看了场电影。

（6）刚才他打电话叫了一辆车。

例（4）～（6）中"询问""看""叫"等动作行为实现后，这些动作行为本身也结束了。

第三，动作行为或性状的持续，即动作行为过程阶段性的实现或处于某种性状中。例如：

（7）我在北京已经住了半个月，再过几天就要离开。

（8）他已经睡了两个钟头，还在睡。

（9）这活儿我干了半天还没干完。

（10）他知道了很多事情。

（11）门口站了一个人。

（12）池子里养了许多鱼。

例（7）～（9）是动作行为的持续，例（10）～（12）是性状的持续。

至于这三种情况的教学顺序，我们建议根据以上的先后排序来教，即先教第一种"动作行为过程或性状从无到有的实现"，接着教第二种"整个动作行为过程的实现"，最后再教第三种"动作行为过程阶段性的实现或处于某种性状中"。这跟对句末"了"内部不同情况的教学排序是一致的。

总之，选择范式语料讲解词尾"了"的功能时，得把上述"动作行为过程或性状从无到有的实现""整个动作行为过程的实现""动作行为过程阶段性的实现或处于某种性状中"这三种情况都考虑进来，择取并利用这些范式语料，让学习者深入理解"了"的"实现体"标记功能。如果像一些教材那样只选取第二种语料，那么学习者很容易就把词尾"了"的语法意义仅仅理解成表示动作行为的完成。事实上，"了"所表示的"实现"与"完成"的所指范围是交叉的（即在语义上具有某种重合）。"实现"是就动作行为是否成为事实而言的，"完成"是就动作行为的过程是否结束而言的。过程的结束可以是事实，但是，是事实的却不一定是过程的结束。当"了"所标记的动作行为正好处于完成状态时，二者重合（但观察角度不同）；但只要超出了这个范围，二者就大相径庭了。当然，即便二者重合，"实现"和"完成"所标记的"体"意义还是不同的：前者偏重于动作行为全程是否成为事实，后者偏重于动作行为过程是否结束。

因为句末"了"已经先于词尾"了"学习了，所以在教词尾"了"的时候，可以同时巩固句末"了"的教学，即词尾"了"的教学跟句末"了"的教学可以平行展开，同时并进。其好处在于，能够让学习者认识到词尾"了"与句末"了"在"实现体"标记功能上的共性，还能够让他们认识到句末"了"的隐现对句子语气的影响。这种影响还可能影响到基本语义的表达，甚至句子的合法性

（即能否成句）。例如：

（13）——我吃了。

　　　——吃了什么？

（14）——你买了菜没有？

　　　——买了。

（15）a. 我喝了一瓶啤酒了。

　　　b. 我喝了一瓶啤酒。

（16）a.* 我吃了晚饭。

　　　b. 我吃了晚饭了。

　　类似例（13）（14）的对话，旨在让学习者认识到词尾"了"与句末"了"在表"实现体"意义上的共性。类似例（15a）（15b）的句子旨在让学习者认识到句末"了"的隐现会影响到句子的语气甚至意义的表达：例（15a）如果没有后续说明，那么"喝啤酒"的行为可能还将持续下去，属于"阶段性实现"而非行为的全程结束，这主要是因为句末"了"具有"申明"语气功能，与言语情景联系更加紧密；而例（15b）如果没有后续说明，一般认为"喝啤酒"的行为已经终止，"一瓶啤酒"就是一个封闭的量了。类似例（16a）（16b）的句子旨在让学习者认识到，句末"了"的隐现甚至会影响到句子的独立性，从而影响句子的合法性。

　　那么再接下来，词尾"了"的教学可以渐次融入到汉语的结果补语、趋向补语、时量补语、离合词、连动式、兼语式、带谓词性宾语的动宾式、重动式、谓词性联合结构等的教学中去。"了"与这些结构式的位置关系（即"了"的用法问题）是教学的重点和难点。

　　其中，结果补语、简单趋向补语与词尾"了"的位置关系相对简单，因为相对于其他动补式，动结式和动趋式内部结合比较紧密，可以看作一个相当于动词的单位。例如：

（17）我听懂了老师的话。

（18）同学们陆续走进了教室。

　　但是如果趋向补语是"（X）来""（X）去"，那么"了"既可以置于补语后，也可以直接置于动词后，还可以插在复合趋向补语"X 来""X 去"的中间。例如：

（19）a. 麦克带来了一个照相机。

　　　b. 麦克带了一个照相机来。

（20）a. 他搬出去了一张桌子。

　　　b. 他搬了一张桌子出去。

　　　c. 他搬出了一张桌子去。

动词后带时量补语、宾语与词尾"了"之间的位置关系比较复杂：如果动词后没有带宾语，词尾"了"只要置于动词后、补语前即可；如果动词后还带了宾语，那么宾语、补语、词尾"了"的位置关系就相对比较复杂一些，主要有"主语 +V+ 了 + 时量补语（+的）+宾语"和"主语 +V+ 宾语 +V+ 了 + 时量补语"两种形式；如果动词后所带宾语是一个人称代词，则主要有"主语 +V+ 了 + 宾语 + 时量补语"和"主语 +V+ 宾语 + 动词 + 了 + 时量补语"两种形式。但不管哪种形式，"了"始终要紧接在动词后面或者在重复的动词后面。例如：

（21）我在中国生活了一年。

（22）a. 我学了一年（的）汉语。

　　　b. 我学汉语学了一年。

　　　c.* 我学汉语了一年。

（23）a. 他找了你半天。

　　　b. 他找你找了半天。

　　　c.* 他找你了半天。

与此同时，离合词与词尾"了"的位置关系也可以一并带入，它们的位置关系与动词后带时量补语、宾语和词尾"了"的位置关系类似。例如：

（24）a. 他游了一个下午泳。

　　　b. 我游泳游了一个下午。

　　　c.* 我游泳了一个下午。

连动结构中"了"的位置更加复杂，它与整个句子的信息重心有关。如果连动结构表达的是未然的先后关系或一般规律，只说明 V_2 的发生紧接在 V_1 实现后，那么词尾 "了" 只能位于 V_1 之后。如果 V_1 和 V_2 之间有明显的方式（包括工具、手段）与目的、原因与结果等关系，那么 V_2 是谓语的信息中心，词尾 "了" 一般附着在 V_2 后。如果 V_1 和 V_2 之间表示已然的较单纯的先后动作，V_1、V_2 之间又无明显的方式（包括工具、手段）与目的、原因与结果等关系，词尾 "了" 既可以出现在 V_1 之后（A 型），也可以出现在 V_2 之后（B 型），还可以同时出现在 V_1 和 V_2 之后（C 型）。这同样与句子的信息重心落在哪个位置有关，其中，A 型的信息重心在 V_1，B 型的信息重心在 V_2，C 型中 V_1 和 V_2 之间的地位是对等的。例如：

（25）a. 你到了北京打个电话给我。（未然的先后关系）

b. 他每天在家吃了早饭去上班。（一般规律）

（26）a. 他们来问了几道数学题。（方式与目的关系）

b. 他做生意赚了几个钱。（原因与结果关系）

（27）a. 他脱掉了鞋子走进来。（A 型）

b. 他脱掉鞋子走了进来。（B 型）

c. 他脱掉了鞋子走了进来。（C 型）

兼语式和带谓词性宾语的动宾式都是一种套叠格式，词尾 "了" 出现的位置相对固定，基本不会同时出现两个词尾 "了"。其中，兼语式的第一个动词（使令动词）后不能添加 "了"，带谓词性宾语的动宾式中的谓词性宾语一般不能添加 "了"。例如：

（28）a. 老师指导我完成了毕业设计。（兼语式）

b.* 老师指导了我完成（了）毕业设计。

（29）a. 老师对小王进行了批评与教育。（带谓词性宾语的动宾式）

b.* 老师对小王进行（了）批评与教育了。

重动式内部虽有不同的小类，但词尾 "了" 出现的位置也相对固定，一般位于第二个重复使用的动词的后边，更不会同时出现两个词尾 "了"。例如：

（30）他挂画挂到了天花板上。（由动宾式 "挂画" 分解而成的重动式）

（31）他昨天睡觉睡了十个小时。（由离合词 "睡觉" 分解而成的重动式）

谓词性联合结构一般是由 "并" 连接 V_1 和 V_2，即 "V_1 并 V_2"，如果是已然事件，词尾"了"一定添加在 V_2 后，其形式是"V_1 并 V_2 了 + 宾语"。例如：

（32）会议讨论并通过了一项决议。

此外，还值得注意的是，"了"与具体的时间副词、语气副词、语气词等的共现情况也十分复杂，如果学到这些词的用法，很多时候还要继续学习它们与"了"的共现关系和位置关系。比如，具有"实现体"标记功能的时间副词"都"必须要与句末"了"共现，而时间副词"已经"却不是非得与句末"了"共现；语气副词"太"一般要与句末"了"共现，而语气副词"真"却不能与句末"了"共现；句末"了"与表"确认"的句末语气词"的"构成可逆的连用形式"的了"和"了的"，而与其他句末语气只能构成单向的连用形式"了 + 其他语气词"。

从上述"了"与各类结构式的位置关系以及"了"与其他词的共现关系不难看出，"了"的教学，无论是词尾"了"的教学还是句末"了"的教学，事实上都是贯穿于汉语二语学习过程中的各个阶段的，并不是利用几次课的时间就能够完成得了的。

参考文献

奥托·叶斯柏森（1988）《语法哲学》，何勇、夏宁生、司辉等译，北京：语文出版社。

白梅丽（1987）现代汉语中"就"和"才"的语义分析，《中国语文》第 5 期。

北京大学中文系主编（1982）《现代汉语虚词例释》，北京：商务印书馆。

岑玉珍主编（2013）《汉语副词词典》，北京：北京大学出版社。

陈昌来（2002）《现代汉语动词的句法语义属性研究》，上海：学林出版社。

陈昌来（2003）《现代汉语语义平面问题研究》，上海：学林出版社。

陈刚（1987）试论"动—了—趋"式和"动—将—趋"式，《中国语文》第 4 期。

陈国亭、陈莉颖（2005）汉语动词时、体问题思辩，《语言科学》第 7 期。

陈开举（2002）英汉会话中末尾标记语的语用功能分析，《现代外语》第 3 期。

陈立民（2005）论动词重叠的语法意义，《中国语文》第 2 期。

陈平（1988）论现代汉语时间系统的三元结构，《中国语文》第 6 期。

陈前瑞（2005）汉语的进行体与未完整体，上海师范大学《对外汉语研究》委员会，《对外汉语研究（第 1 期）》，北京：商务印书馆。

陈望道（1978）《文法简论》，上海：上海教育出版社。

陈小荷（1994）主观量问题初探——兼谈副词"就""才""都"，《世界汉语教学》第 4 期。

陈一（2005）句类与词语同现关系刍议，《中国语文》第 2 期。

陈勇（2002）语言学研究中的标记理论，《外语研究》第 6 期。

陈忠（2006）《认知语言学研究》，济南：山东教育出版社。

陈灼主编（2000）《桥梁：实用汉语中级教程》，北京：北京语言大学出版社。

成晓光（1999）亚语言的理论与应用，《外语与外语教学》第 9 期。

崔山佳（1995）近代汉语中已有"姓＋了"的说法，《中国语文》第 2 期。

崔希亮（2001）《语言理解与认知》，北京：北京语言文化大学出版社。

戴浩一（1988）时间顺序和汉语的语序，黄河译，《国外语言学》第 1 期。

戴维·克里斯特尔（2000）《现代语言学词典》，北京：商务印书馆。

戴耀晶（1997）《现代汉语时体系统研究》，杭州：浙江教育出版社。

戴耀晶（2000）试论现代汉语的否定范畴，《语言教学与研究》第 3 期。

戴耀晶（2004）试说冗余否定，《修辞学习》第 2 期。

邓守信（2010）《对外汉语教学语法》，北京：北京语言大学出版社。

狄翠（2013）《"了"的用法及其对外汉语教学》，扬州大学硕士学位论文。

丁恒顺（1985）语气词的连用，《语言教学与研究》第 2 期。

董晓敏（1997）"V 在了 N"结构新探，《华中师范大学学报》第 3 期。

段业辉（1995）语气副词的分布及语用功能，《汉语学习》第 4 期。

范继淹（1982）论介词短语"在＋处所"，《语言研究》第 1 期。

范开泰、张亚军（2000）《现代汉语语法分析》，上海：华东师范大学出版社。

范晓蕾（2020a）《普通话"了₁""了₂"的语法异质性》，北京：北京大学出版社。

范晓蕾（2020b）简评"了₁"的语义研究，《华文教学与研究》第 4 期。

范晓蕾（2020c）浅析单双"了"句的语义对立——兼谈"了₂"时体功能的划分，复旦大学
　　汉语言文字学科《语言研究集刊》编委会，《语言研究集刊（第二十六辑）》，上海：上海
　　辞书出版社。

范晓蕾（2020d）宾语和动词对"了₁"的制约效果，复旦大学汉语言文字学科《语言研究集
　　刊》编委会，《语言学论丛（第六十一辑）》，北京：商务印书馆。

范晓蕾（2020e）谓语的整体属性对"了₁"分布的制约效果，《世界汉语教学》第 2 期。

方经民（2000）《汉语语法变换研究》，郑州：河南人民出版社。

方梅（1994）北京话句中语气词的功能研究，《中国语文》第 2 期。

方梅（2000）从"V 着"看汉语不完全体的功能特征，中国语文杂志社，《语法研究和探索
　　（九）》，北京：商务印书馆。

房玉清（1992）《实用汉语语法》，北京：北京语言学院出版社。

冯光武（2004）汉语语用标记语的语义、语用分析，《现代外语》第 1 期。

冯光武（2005）语用标记语和语义 / 语用界面，《外语学刊》第 3 期。

冯胜利（2000）《汉语韵律句法学》，上海：上海教育出版社。

高名凯（1986）《汉语语法论》，北京：商务印书馆。

龚千炎（1991）谈现代汉语的时制表示和时态表达系统，《中国语文》第 4 期。

龚千炎（1994）现代汉语的时间系统，《世界汉语教学》第 1 期。

龚千炎（1995）《汉语的时相、时制、时态》，北京：商务印书馆。

古川裕（1989）副词修饰"是"字情况考察，《中国语文》第 1 期。

郭春贵（1997）时间副词"已经"和"都"的异同，《世界汉语教学》第 2 期。

郭锐（1993）汉语动词的过程结构，《中国语文》第 6 期。

何乐士（1992）敦煌变文与《世说新语》若干语法特点的比较，程湘清主编，《隋唐五代汉语
　　研究》，济南：山东教育出版社。

何乐士（2000）《古汉语语法研究论文集》，北京：商务印书馆。

贺阳（1992）试论汉语书面语的语气系统，《中国人民大学学报》第 5 期。

侯瑞芳（2016）再析"不""没"的对立和中和，《中国语文》第 3 期。

侯学超（1998）《现代汉语虚词词典》，北京：北京大学出版社。

胡敕瑞（2005）动结式的早期形式及其判定标准，《中国语文》第 3 期。

胡附、文炼（1982）句子分析漫谈，《中国语文》第 3 期。

胡明扬（1988）语气助词的语气意义，《汉语学习》第 6 期。

胡裕树主编（1995）《现代汉语》（重订本），上海：上海教育出版社。

胡裕树、范晓（1996）《动词研究综述》，太原：山西高校联合出版社。

黄国营（1994）句末语气词的层次地位，《语言研究》第 1 期。

黄美金（1997）"了"：汉语中一个标示"界限"的符号，曹逢甫、西槙光正，《台湾学者汉语研究文集》，天津：天津人民出版社。

江蓝生（2000）《近代汉语探源》，北京：商务印书馆。

江蓝生（2013）《近代汉语研究新论》，北京：商务印书馆。

蒋绍愚（1994）《近代汉语研究概况》，北京：北京大学出版社。

蒋绍愚、曹广顺主编（2005）《近代汉语语法史研究综述》，北京：商务印书馆。

金立鑫（1996）关于疑问句中的"呢"，《语言教学与研究》第 4 期。

金立鑫（1998）试论"了"的时体特征，《语言教学与研究》第 1 期。

金立鑫（2002）词尾"了"的时体意义及其句法条件，《世界汉语教学》第 1 期。

金立鑫（2003）"S 了"的时体意义及其句法条件，《语言教学与研究》第 2 期。

金立鑫（2005）"没"和"了"共现的句法条件，《汉语学习》第 1 期。

劲松（1992）北京话的语气和语调，《中国语文》第 2 期。

柯理思（2006）方言语法研究和"书面汉语中的不同层次"问题：从趋向范畴说起，日本中国语学会，《第 56 回全国大会予稿集》。

柯理思、刘淑学（2001）河北冀州方言里"拿不了走"一类格式，《中国语文》第 5 期。

劳允栋（2004）《英汉语言学词典》，北京：商务印书馆。

黎天睦（1994）论"着"的核心意义，戴浩一、薛凤生主编，《功能主义与汉语语法》，北京：北京语言学院出版社。

李讷、安珊笛、张伯江（1998）从话语的角度论证语气词"的"，《中国语文》第 2 期。

李人鉴（1964）关于动词重叠，《中国语文》第 4 期。

李铁根（1993）"了₁""了₂"区别方法的一点商榷，《中国语文》第 3 期。

李宇明（1996）论词语重叠的意义，《世界汉语教学》第 1 期。

李宇明（1999）"一 V……数量"结构及其主观大量问题，《汉语学习》第 4 期。

李宇明（2000）《汉语量范畴研究》，武汉：华中师范大学出版社。

廖秋忠（1984）语气与情态评介，《国外语言学》第 4 期。

林焘（1962）现代汉语轻音和句法结构的关系，《中国语文》第 7 月期。

刘丹青主编（2005）《语言学前沿与汉语研究》，上海：上海教育出版社。

刘丹青（2008）《语法调查研究手册》，上海：上海教育出版社。

刘丹青、徐烈炯（1998）焦点与背景、话题及汉语"连"字句，《中国语文》第 4 期。

刘佳（2019）句末语气词与情态动词及副词共现分析，《汉语学习》第 1 期。

刘丽艳（2005）作为话语标记语的"不是"，《语言教学与研究》第 6 期。

刘琪瑶（2021）英语为母语的华裔学生学习助词"了"的偏误情况分析，《云南师范大学学报（对外汉语教学与研究版）》第 2 期。

刘勋宁（1985）现代汉语句尾"了"的来源，《方言》第 2 期。

刘勋宁（1988）现代汉语词尾"了"的语法意义，《中国语文》第 5 期。

刘勋宁（1990）现代汉语句尾"了"的语法意义及其与词尾"了"的联系，《世界汉语教学》第 2 期。

刘勋宁（1999）现代汉语的句子构造与词尾"了"的语法位置，《语言教学与研究》第 3 期。

刘勋宁、刘海燕（2021）"了"是一个还是两个，《汉语教学学刊》第 2 期。

刘娅琼（2016）现场讲解中用于交互的句尾"了"，《中国语文》第 6 期。

刘月华、潘文娱、故铧（2001）《实用现代汉语语法》（增订本），北京：商务印书馆。

陆丙甫（2004）作为一条语言共性的"距离－标记对应律"，《中国语文》第 1 期。

陆俭明（1980a）汉语口语句法里的易位现象，《中国语文》第 1 期。

陆俭明（1980b）关于汉语虚词教学，《语言教学与研究》第 4 期。

陆俭明（1982）关于定语易位的问题，《中国语文》第 3 期。

陆俭明（1984）关于现代汉语里的疑问语气词，《中国语文》第 5 期。

陆俭明（1989）"V 来了"试析，《中国语文》第 3 期。

陆俭明（1993）《八十年代中国语法研究》，北京：商务印书馆。

陆俭明（1994）同类词连用规则刍议，《中国语文》第 5 期。

陆俭明（1997）关于语义指向分析，黄正德主编，《中国语言学论丛（第 1 辑）》，北京：北京语言文化大学出版社。

陆俭明（2000）对外汉语教学中的语法教学，《语言教学与研究》第 3 期。

陆俭明（2001）关于句处理中所要考虑的语义问题，《语言研究》第 1 期。

陆俭明（2003）《现代汉语语法研究教程》，北京：北京大学出版社。

陆俭明（2004）"句式语法"理论与汉语研究，《中国语文》第 5 期。

陆俭明、马真（1999）《现代汉语虚词散论》，北京：语文出版社。

陆俭明、沈阳（2003）《汉语和汉语研究十五讲》，北京：北京大学出版社。

吕叔湘（1956）《中国文法要略》，北京：商务印书馆。

吕叔湘（1962）关于"语言单位的同一性"等等，《中国语文》第 11 期。

吕叔湘（1985）疑问·否定·肯定，《中国语文》第 4 期。

吕叔湘（1990a）关于汉语词类的一些原则性问题，吕叔湘，《吕叔湘文集》（第二卷），北京：商务印书馆。

吕叔湘（1990b）汉语语法分析问题，吕叔湘，《吕叔湘文集》（第二卷），北京：商务印书馆。

吕叔湘主编（1999）《现代汉语八百词》（增订本），北京：商务印书馆。

吕文华（2010）"了"的教学三题，《世界汉语教学》第 4 期。

马庆株（1981）时量宾语和动词的类，《中国语文》第 2 期。

马庆株（1988）自主动词和非自主动词，《中国语言学报》编委会，《中国语言学报（第 3

期)》，北京：商务印书馆。

马庆株（1990）数词、量词的语义成分和数量结构的语法功能，《中国语文》第 3 期。

马庆株（1998）《汉语语义语法范畴问题》，北京：北京语言文化大学出版社。

马真（1984）关于表示程度浅的副词 "还"，《中国语文》第 3 期。

马真（2003）"已经" 和 "曾经" 的语法意义，《语言科学》第 1 期。

孟子敏（2005）句末语气助词 "也" 的意义及其流变，《语言教学与研究》第 3 期。

孟子敏（2007）从 "了₁""了₂" 的分布看口语和书面语的分野，增野仁、冯胜利、孟子敏等，
　　《漢語書面語の通時的・共時的研究》，松山：日本松山大学综合研究所。

莫超（2005）"动宾短语＋开／起" 西北方言补例，《中国语文》第 2 期。

聂仁发（2003）关于现代汉语时间研究的几个问题，《广播电视大学学报》第 2 期。

彭利贞（2007）《现代汉语情态研究》，北京：中国社会科学出版社。

彭小川、胡玲（2009）转折句中的 "还是"，《汉语学习》第 6 期。

齐沪扬（2002）《语气词与语气系统》，合肥：安徽教育出版社。

齐沪扬主编（2011）《现代汉语语气成分用法词典》，北京：商务印书馆。

齐沪扬、邵洪亮（2020）交流性语言和非交流性语言，《语言教学与研究》第 3 期。

邵洪亮（2012）"了₁""了₂" 的实现体标记功能羡余研究，上海师范大学《对外汉语研究》
　　编委会，《对外汉语研究（第八期）》，北京：商务印书馆。

邵洪亮（2013）"已经" 的体标记功能羡余研究，《汉语学习》第 6 期。

邵洪亮（2015）《汉语句法语义标记词羡余研究》，北京：中国社会科学出版社。

邵洪亮（2023）汉语复合态生成的句法－语义层级问题，《中国语文》第 2 期。

邵敬敏（1989）语气词 "呢" 在疑问句中的作用，《中国语文》第 3 期。

邵敬敏（1997）论汉语语法的语义双向选择性原则，中国语言学会《中国语言学报》编委会，
　　《中国语言学报（第 8 期）》，北京：北京语言大学出版社。

邵敬敏（2004）"语义语法" 说略，《暨南学报》第 1 期。

沈家煊（1993a）句法的象似性问题，《外语教学与研究》第 7 期。

沈家煊（1993b）"语用否定" 的考察，《中国语文》第 5 期。

沈家煊（1995）"有界" 与 "无界"，《中国语文》第 5 期。

沈家煊（1997）类型学中的标记模式，《外语教学与研究》第 1 期。

沈家煊（1999）《不对称和标记论》，南昌：江西教育出版社。

沈家煊（2001a）语言的 "主观性" 和 "主观化"，《外语教学与研究》第 7 期。

沈家煊（2001b）跟副词 "还" 有关的两个句式，《中国语文》第 6 期。

沈家煊（2006a）"王冕死了父亲" 的生成方式——兼说汉语 "糅合" 造句，《中国语文》第
　　4 期。

沈家煊（2006b）"糅合" 和 "截搭"，《世界汉语教学》第 4 期。

沈家煊（2009）副词和连词的元语用法，上海师范大学《对外汉语研究》编委会，《对外汉语
　　研究（第五期）》，北京：商务印书馆。

沈家煊（2012）"零句"和"流水然"——为赵元任先生诞辰 120 周年而作，《中国语文》第 5 期。

沈家煊（2021）名词"时体态"标记：理论挑战和应对方略——兼论汉语"了"的定性，《当代语言学》第 4 期。

石毓智（1992）论现代汉语的"体"范畴，《中国社会科学》第 6 期。

石毓智（1995）时间的一维性对介词衍生的影响，《中国语文》第 1 期。

石毓智（1996）试论汉语的句法重叠，《语言研究》第 2 期。

石毓智（2000）《语法的认知语义基础》，南昌：江西教育出版社。

石毓智（2001）《肯定和否定的对称与不对称》，北京：北京语言文化大学出版社。

石毓智（2005）论判断、焦点、强调与对比之关系——"是"的语法功能和使有条件，《语言研究》第 4 期。

石毓智（2006）《语法的概念基础》，上海：上海外语教育出版社。

石毓智（2010）《汉语语法》，北京：商务印书馆。

石毓智、李讷（2001）《汉语语法化的历程——形态句法发展的动因和机制》，北京：北京大学出版社。

史金生（2000）传信语气词"的""了""呢"的共现顺序，《汉语学习》第 5 期。

史金生（2003）语气副词的范围、类别和共现顺序，《中国语文》第 1 期。

史金生（2005）"又""也"的辩驳语气用法及其语法化，《世界汉语教学》第 4 期。

宋绍年、李晓琪（2000）汉语动态助词"了"研究和回顾与前瞻，陆俭明主编，《面临新世纪挑战的现代汉语语法研究》，济南：山东教育出版社。

孙德金（2006）语法不教什么——对外汉语语法教学的两个原则问题，《语言教学与研究》第 1 期。

孙汝建（1999）《语气和口气研究》，北京：中国文联出版社。

孙锡信（1999）《近代汉语语气词》，北京：语文出版社。

王灿龙（2004）说"VP 之前"与"没（有）VP 之前"，《中国语文》第 5 期。

王冬梅（2014）从"是"和"的"、"有"和"了"看肯定和叙述，《中国语文》第 1 期。

王光全、柳英绿（2006）同命题"了"字句，《汉语学习》第 3 期。

王洪君、李榕、乐耀（2009）"了₂"与话主显身的主观近距交互式语体，陆俭明主编，《语言学论丛（第四十辑）》，北京：商务印书馆。

王还（1990）再谈现代汉语词尾"了"的语法意义，《中国语文》第 3 期。

王珏（2015）句末语气词及其句类系统，《语法研究的深化与拓展》编委会，《语法研究的深化与拓展》，北京：商务印书馆。

王珏（2016a）语气词的功能系统试论，中国语文杂志社，《语法研究和探索（十八）》，北京：商务印书馆。

王珏（2016b）再论"吗"的属性、功能及其与语调的关系，《汉语学习》第 5 期。

王珏（2018）语气词句末选用顺序研究，《语言教学与研究》第 1 期。

王森、王毅、姜丽（2006）"有没有／有／没有+VP"句，《中国语文》第1期。

王巍（2018）《语气词"了"的隐现规律研究》，北京：中国社会科学出版社。

王维贤（1991）现代汉语语法研究的一些方法论问题，复旦大学语法修辞研究室，《语法修辞方法论》，上海：复旦大学出版社。

王伟（2021）《说"了"》，上海：学林出版社。

王之洁、丁崇明（2020）体貌标记"了₁"与"完₁"的替换研究，《云南师范大学学报（对外汉语教学版）》第1期。

王助（2006）现代汉语和法语中否定赘词的比较研究，《外语教学与研究》第6期。

王助（2009）汉语否定羡余词的特性，《现代语文（语言研究版）》第3期。

温锁林（2010）现代汉语的申辩口气——兼论语气副词的研究方法，《语言研究》第1期。

文炼（1982）词语之间的搭配关系，《中国语文》第1期。

文炼（1984）《处所、时间和方位》，上海：上海教育出版社。

吴安其（1991）语言的羡余现象，《民族语文》第3期。

吴福祥（2005）汉语语法化演变的几个类型学特征，《中国语文》第6期。

吴为善（2006）《汉语韵律句法探索》，上海：学林出版社。

吴中伟主编（2003）《当代中文》，北京：华语教育出版社。

武果（2007）语气词"了"的"主观性"用法，陆俭明主编，《语言学论丛（第三十六辑）》，北京：商务印书馆。

肖治野、沈家煊（2009）"了₂"的行、知、言三域，《中国语文》第6期。

邢福义（1996）《汉语语法学》，长春：东北师范大学出版社。

邢福义（1997）V为双音节的"V在了N"格式，《语言文字应用》第4期。

邢福义（2001）《汉语复句研究》，北京：商务印书馆。

徐杰主编（2004）《汉语研究的类型学视角》，北京：北京语言大学出版社。

徐杰、李英哲（1993）焦点和两个非线性语法范畴："否定""疑问"，《中国语文》第2期。

徐前师（2006）"已经"成词于唐前说不可靠，《中国语文》第6期。

徐枢（1985）《宾语和补语》，哈尔滨：黑龙江人民出版社。

徐通锵（1997）《语言论》，长春：东北师范大学出版社。

许宝华、宫田一郎主编（1999）《汉语方言大词典》，北京：中华书局。

杨德峰（2009）《对外汉语教学核心语法》，北京：北京大学出版社。

杨德峰（2017）《趋向补语的认知和习得研究》，北京：北京大学出版社。

杨国文（2001）汉语态制中"复合态"的生成，《中国语文》第5期。

杨永龙（2002）"已经"的初见时代及成词过程，《中国语文》第1期。

杨永龙（2005）从稳紧义形容词到持续体助词——试说"定""稳定""实""牢""稳""紧"的语法化，《中国语文》第5期。

袁毓林（1993）《现代汉语祈使句研究》，北京：北京大学出版社。

袁毓林（2004）《汉语语法研究的认知视野》，北京：商务印书馆。

詹卫东（2004）论元结构与句式变换，《中国语文》第 3 期。

张斌（1998）《汉语语法学》，上海：上海教育出版社。

张斌主编（2001）《现代汉语虚词词典》，北京：商务印书馆。

张斌主编（2002）《新编现代汉语》，上海：复旦大学出版社。

张斌主编（2010）《现代汉语描写语法》，北京：商务印书馆。

张伯江（1996）否定的强化，《汉语学习》第 1 期。

张伯江、方梅（1996）《汉语功能语法研究》，南昌：江西教育出版社。

张德禄（2009）汉语语气系统的特点，《外国语文》第 5 期。

张发祥（2006）英汉话语标记语语用功能对比，《洛阳师范学院学报》第 1 期。

张济卿（1996）汉语并非没有时制语法范畴——谈时、体研究中的几个问题，《语文研究》第 4 期。

张济卿（1998）论现代汉语的时制与体结构（上）（下），《语文研究》第 3 期、第 4 期。

张静（1987）《汉语语法问题》，北京：中国社会科学出版社。

张黎（1997）"谓了 C"和"谓 C 了"，《中国语学》（日本）第 244 号。

张邱林（2021）"VA结了"式肯定祈使句，《汉语学报》第 1 期。

张旺熹（1999）《汉语特殊句法的语义研究》，北京：北京语言文化大学出版社。

张亚娟（2021）《句末"的了"与"了的"》，上海外国语大学硕士学位论文。

张谊生（2000a）《现代汉语副词研究》，上海：学林出版社。

张谊生（2000b）《现代汉语虚词》，上海：华东师范大学出版社。

张谊生（2000c）现代汉语副词的性质、范围与分类，《语言研究》第 2 期。

张谊生（2004）《现代汉语副词探索》，上海：学林出版社。

张谊生（2005）现代汉语"把 + 个 + NP + VC"句式探微，《汉语学报》第 3 期。

张谊生（2006）试论主观量标记"没""不""好"，《中国语文》第 2 期。

张谊生（2010）《现代汉语副词分析》，上海：上海三联书店。

赵金铭（1979）敦煌变文中所见的"了"和"着"，《中国语文》第 1 期。

赵金铭（1994）教外国人汉语语法的一些原则问题，《世界汉语教学》第 2 期。

赵淑华（1990）连动式中动态助词"了"的位置，《语言教学与研究》第 1 期。

赵新、刘若云主编（2013）《实用汉语近义虚词词典》，北京：北京大学出版社。

赵元任（1979）《汉语口语语法》，吕叔湘译，北京：商务印书馆。

中国社会科学院语言研究所词典编辑室（2016）《现代汉语词典》（第 7 版），北京：商务印书馆。

朱德熙（1980）汉语句法中的歧义现象，《中国语文》第 2 期。

朱德熙（1982）《语法讲义》，北京：商务印书馆。

朱德熙（1985）《语法答问》，北京：商务印书馆。

朱德熙（1987）现代汉语语法研究的对象是什么？，《中国语文》第 5 期。

Crismore, A. (1989) *Talking with Readers: Metadiscourse as Rhetorical Act*. New York: Peter Lang.

Elinor Ochs, Emanuel A. Schegloff & Sandra A. Thompson (eds.)(1996) *Interaction and Grammar*.

Cambridge & New York: Cambridge University Press.

Halliday, M. A. K. (1994) *An Introduction to Functional Grammar (2nd Edition)*. London: Edward Arnold.

Hopper P. J. & E. C. Traugott. (2003) *Grammaticalization (2nd Edition)*. Cambridge: Cambridge University Press.

Langacker, Ronald W. (1991) *Foundations of Cognitive Grammar (Vol. II): Descriptive Application*. Redwood City: Stanford University Press.

Levinson, Stephen C. (1983) *Pragmatics*. Cambridge: Cambridge University Press.

Lewis, Michael & Hill, Jimmie. (2009) *Practical Teaching Techniques for Language Teaching*. Beijing: Foreign Language Teaching and Research Press.

Palmer, F. R. (2001) *Mood and Modality (2nd Edition)*. Cambridge: Cambridge University Press.

Selting M. & Couper-Kuhlen E. (2001) *Studies in Interactional Linguistics*. Amsterdam: John Benjamins.

后　记

当初，国家社科基金重大招标项目"对外汉语教学语法大纲研制和教学参考语法书系（多卷本）"总负责人齐沪扬教授和我讨论第一批对外汉语教学参考语法书系选题的时候，我们共同想到了汉语中的这一高频虚词"了"。

从我自身二十多年的一线对外汉语教学经验来看，虽然几乎所有的教材在初级阶段就已经编排了"了"的教学内容（包括词尾"了"和句末"了"），对其功能和用法进行举例说明，而且教师在教学过程中也特别重视"了"的教学，甚至会安排几次课的时间来专门详细讲解"了"的各种功能和具体用法，但是无论在学习者的口头表达还是书面作文中，"了"的使用偏误率仍然很高。并且，"了"的偏误不仅仅出现在初级阶段，即使到了中、高级阶段，"了"的偏误依然不少，甚至在汉语言专业外国博士研究生的博士学位论文中，还会出现这样那样的偏误。想必很多学者也发现了这种情况，因而将"了"视为汉语二语学习者学习汉语过程中"最难缠的拦路虎"，这并不夸张。之所以会出现这种情况，我想一是由于"了"的功能和用法问题确实复杂；二是由于我们学界对"了"的功能的认识一直存在分歧，教材的内容编排以及教师的讲解说明难免存在前后不一致、无法自圆其说，甚至有明显错误的情况，进而导致学习者对"了"的理解往往处于似懂非懂、似是而非的状态。因此，遵循汉语教学参考语法编写要"面向教学实践"的原则，专门就汉语二语学习者学习"了"的过程中所产生的各种疑惑或出现的各种偏误问题做一个相对系统的考察和研究，我们觉得是十分有必要的。

蒙齐沪扬老师信任，将这么重要的一本专书嘱托我来完成，我是颇有压力的。但是凭着对"了"的教学与研究的一腔热情，以及长期的对外汉语教学的经验、心得和积累，我确实也是十分乐意啃一啃这块硬骨头的。

本书写作首先要考虑的就是如何处理词尾"了"和句末"了"之间同和异的

问题。到底强调它们之间的异质性还是凸显它们之间的同质性更利于学习者理解，更利于教学说明与解释？也就是说，是将两个不同位置的"了"干脆地区分为不同的"了"好呢，还是将之处理为同一个"了"（将其内部的差异归因于所处的不同位置或语境带来的）更好？两种处理方式看似差别不大，实则在教学实践中体现出来的是重定性还是重描写，重视刚性的功能区分还是重视功能之间的交叉与细微差别。学界主流的做法是将词尾"了"称作"动态助词'了'"（简称"了₁"），将句末"了"称作"语气词'了'"（简称"了₂"），从所谓"了₁"和"了₂"的分化来看，还是凸显了它们之间的异质性。事实上，这个问题我在 2005 年着手做博士学位论文《现代汉语虚词语义标记功能羡余研究》的时候，就开始结合教学实践认真思考，论文中有两章内容涉及不同位置"了"之间的功能羡余与隐现问题（具体可以参见邵洪亮，2012、2013、2015）。到目前为止，我的想法还是一以贯之的，倾向于强调不同位置"了"的同质性，然后进一步说明、解释不同位置的"了"的功能异同及其原因。这样既避免了说句末的"了"存在"了₁+了₂"的现象（学习者往往会对这个解释感到困惑，经常有学生问为什么"今天我预习了"中的"了"是"了₁+了₂"，而"今天我预习新课文了"中的"了"又只能分析成"了₂"），也解释了为何很多时候词尾"了"可以因句末"了"的出现而隐省。我们发现，跟"了"相关的很多句子可不可以说，或者在都可以说的情况下，这样说和那样说所产生的意义区别，大多都是语用因素决定的，是一种语用限制而非句法限制。其实，许多著名学者早就看到了句末"了"与词尾"了""二者本来密切相关"（吕叔湘，1999：353）。我们最终确定的书名《助词"了"》显然也是有意强调其"同"，尽管"助词"这个术语本身也确实是个杂烩。

　　本书写作过程中所需要考虑解决的问题当然还很多，包括不同位置的"了"（尤其是"词尾'了'"和"句末'了'"）的教学排序、如何选择范式语料讲解"了"的功能、学习者典型问题的选取以及偏误语料的择取等等。所面临的种种问题都不是轻易可以解决的，而只能基于平时教学过程中的点滴积累和长期思考来进行分析、解释。赵金铭（1994）曾指出"在对外汉语教学中讲授语法的目的是为了使外国留学生了解汉语语法的特点，掌握汉语语法的规律以便正确地使用汉语，发展语言交际能力，有效地提高汉语水平"，并指出"对外国学生所讲的语法应该是教学语法，而不是理论语法"。基于此，本书对与"了"相关的各类问题的说明和解释，在尽可能符合客观语言事实的前提下，尽量做到深入浅出、易学易懂，既方便汉语教师备课参考，也方便学习者自学。

在本书的写作过程中，我得到了齐沪扬老师和专辑主编胡建锋老师的诸多支持和帮助，尤其要感谢两位老师对书稿中不同观点的包容和鼓励。我要感谢博士生杜家俊、王春杰、史春磊、朱昊华参与本书的校对工作，有些问题他们几位也参与了讨论，这对本书的进一步完善很有帮助。当然，我还要感谢北京语言大学出版社对项目的支持，如果没有出版社的支持，没有责编刘奕君老师的高效工作和辛勤付出，本书断不可能如此顺利地呈献在各位读者面前。

由于我个人能力有限，本书在细节上一定还有不少错漏之处，敬请广大师生不吝指正。当然，我更期待它能够抛砖引玉，给研究者带来一点启发，助其就本书涉及的一些问题进行深入研究，产出新成果。

2022 年 10 月 10 日